Guide Tao
ITALIE DU NORD ET TOSCANE

originale et durable

par Ilaria Tonti

Ouvrage publié sous la direction
d'Ophélie Cohen et Pascaline Deshayes

Éditions Viatao - 21 rue Blondel, 75002 Paris

ISBN 978-2 35 908 0513

Edito

A l'image de ses habitants, l'Italie du Nord est une terre merveilleuse et généreuse qui vous surprendra. Il n'y a pas que Florence et Venise, mais un monde à découvrir au détour du tourisme de masse. Laissez-vous conduire dans des lieux méconnus, à la rencontre de gens passionnés et passionnants !

Les démarches individuelles côtoient les projets collectifs, dans le respect des enjeux culturels, sociaux et environnementaux. Ainsi, vous voyagerez à travers mers et montagnes, à la découverte de paysages préservés, de traditions ancestrales et de saveurs authentiques.

Les villes trouvent aussi leur place dans ce Guide Tao, avec leurs « trattorie » choisies et leurs adresses de shopping solidaire.

Tous les hébergements et les restaurants ont été soigneusement sélectionnés pour leur engagement durable. Une liste d'activités complète le tableau pour une immersion et une participation active dans la vie des populations locales.

Ce guide est une invitation à connaître un territoire en profondeur, son histoire, sa culture et sa nature, il vous ouvre des portes que vous n'avez pas encore poussées... alors, n'attendez plus !

Comme dans tous les Guides Tao, les adresses du Guide Tao Italie du Nord et Toscane sont choisies pour leurs démarches de qualité, de respect de la planète et des hommes, signalées par ces pictogrammes :

POUR L'ENVIRONNEMENT
produits bio ou locaux, emballages écologiques, consommation d'énergie réduite...

POUR LES EFFORTS SOCIAUX ET CULTURELS
lieux accessibles à tous, traditions gastronomiques préservées, retombées économiques locales...

Préparer son voyage

Quand partir...

Etant donné la grande variété de paysages et de climats (de la côte à la haute montagne), chaque saison mérite le déplacement. L'été vous offrira chaleur et soleil sur les littoraux, tyrrhénien et adriatique, ou sur ses lacs. L'automne est plus propice à des séjours en ville comme à Turin, Florence, Venise ou Bologne. L'hiver vous invite à découvrir les paysages enneigés de l'arc alpin. Enfin, le printemps est parfait pour randonner, en colline ou en montagne.
On distingue trois saisons touristiques principales : la basse saison va généralement de septembre à mars, la moyenne saison va d'avril à juin et comprend également la semaine de Pâques. La haute saison inclut les mois de juillet et août ainsi que les deux semaines de Noël. En ce qui concerne les stations de ski, la haute saison est bien sûr élargie à tous les mois d'hiver.
Les stations balnéaires sont à éviter au mois d'août car bondées de touristes. Les mois de juin et de septembre restent acceptables, bien qu'il soit préférable de partir avant la fin de l'école (autour du 10 juin) ou après la rentrée (autour du 10 septembre).
L'hiver n'est pas toujours synonyme de froid ou de grisaille, bien au contraire ! Les régions du centre ou des villes comme Trieste ou Gênes peuvent réserver de belles journées de soleil et des températures généreuses. Même chose au mois de novembre pour l'été de la Saint-Martin.

Budget

Le budget dépend bien sûr de la durée du séjour et du prix des prestations. En règle générale, une centaine d'euros par personne devrait suffire pour les premiers jours, une fois que le séjour a été soldé. Sachez que les chambres d'hôtes n'acceptent pas de paiement par carte en Italie, la loi les en empêche. Veillez à toujours disposer de quelques espèces sur vous à votre arrivée. En effet, il n'est pas rare de tomber sur des machines et parfois même sur des guichets qui n'acceptent pas les cartes, notamment dans les transports en commun. D'une manière générale, les grandes enseignes n'imposent pas de montant minimum pour les achats par carte, par contre les petits commerces peuvent refuser un paiement pour des montants inférieurs à 15 euros.

Un cappuccino

Quelques exemples de prix :
1 café : 1€
1 ticket de métro : 1,50€
1 plat de pâtes : 7€

On dit souvent que l'Italie est chère. Pourtant, il existe de nombreuses solutions pour ne pas dépenser trop d'argent.
Côté restauration, rappelons les cafés et la « street food », ou encore les restaurants qui proposent des menus à prix réduits le midi. La formule « aperitivo » entre 18h30 et 21h peut être également un bon plan pour dîner léger et goûter aux spécialités régionales italiennes.
Côté hébergement, les « agriturismi » en province ou les chambres d'hôtes en ville peuvent être une bonne alternative aux hôtels non standardisés, à des prix souvent inférieurs.
Le prix des activités est à peu près le même qu'en France. Certains musées sont gratuits en fin de journée ainsi que le premier dimanche du mois (beniculturali.it/domenicalmuseo).

Restauration (base un plat principal)	
€	Moins de 15 euros
€€	Moins de 30 euros
€€€	Plus de 30 euros
Hébergement (base une nuit pour 2 personnes)	
€	Moins de 50 euros
€€	Moins de 100 euros
€€€	Plus de 100 euros
Activités (base pour une demi-journée)	
€	Moins de 15 euros
€€	Moins de 30 euros
€€€	Plus de 30 euros

Conseils pratiques

Déplacements

Privilégiez la mobilité douce, vous n'aurez que l'embarras du choix.

Le train
Outre la société nationale des chemins de fer (trenitalia.it), il existe plusieurs compagnies régionales, comme Trenord, qui relie la ville de Milan à Côme, Bergame, Alessandria ou encore Vérone. La compagnie privée Italo assure des trajets rapides entre Milan, Turin, Bologne, Reggio Emilia, Padoue, Florence et Venise. Comptez 1h25 pour un Bologne-Venise et 1h07 pour un Milan-Turin. Trenitalia possède aussi sa propre flotte de trains rapides, les « frecce ». Pensez à réserver un mois avant votre départ pour bénéficier des meilleurs tarifs. Vous pouvez également acheter votre billet à la dernière minute, via une application dédiée (ProntoTreno), soit jusqu'à une demi-heure avant votre départ, et recevoir la confirmation directement sur votre smartphone. Pour les billets ordinaires, n'oubliez pas de composter !
En perspective de l'expo universelle Milan 2015 (de mai à octobre 2015), les lignes nationales et internationales au départ et à destination de Milan seront renforcées.

Le bus
Le réseau de bus est généralement bien développé et assure des liaisons avec des villes mal desservies ou des villages reculés. Cela, d'une part pour pallier les déficits des lignes ferroviaires locales et d'autre part pour répondre à des besoins spécifiques. Vous avez le choix entre des compagnies publiques et privées. Il vous suffit de vous rendre à la gare routière la plus proche et de comparer les itinéraires et les prix. Souvent, les écarts peuvent être importants.

Le vélo
Des centaines de pistes cyclables ont vu le jour ces dernières années. Se déplacer à vélo n'est plus une affaire de spécialistes. Il existe différents niveaux de difficulté et des itinéraires adaptés à tous les âges. Il est même possible d'imaginer tout un voyage à vélo. Les trains acceptent généralement les deux-roues contre un petit supplément

Randonnée à vélo dans les Alpes italiennes

entre 2€ et 3,50€. Les vélos pliables voyagent gratuitement sur tout le réseau de Trenitalia.
Certains hébergements proposent des vélos gratuitement pour se déplacer en ville ou se balader à la campagne, profitez-en !
Parmi les villes les mieux équipées en pistes cyclables, on note Bologne (application VeloBÒ), Parme, Modène et Ferrare.

Car et bike sharing

Très à la mode ces dernières années, la location de véhicules partagés est désormais possible dans toutes les villes principales d'Italie du Nord. Différentes compagnies privées assurent le service : Io guido à Turin, Enjoy à Milan et à Florence, etc. Après une inscription via l'application dédiée, la location est possible pour quelques heures ou pour une journée entière. Pratique et peu chère à la fois, c'est une bonne opportunité pour rejoindre des zones excentrées et mal desservies en transport en commun ou pour se déplacer en toute liberté. Dans le même esprit, le réseau municipal de vélos permet d'explorer une ville de façon plus ludique, en vélo normal ou électrique, souvent gratuitement pendant la première heure d'utilisation.

Hébergements

L'Italie du Nord offre un vaste choix d'hébergements. Il y en a pour tous les goûts et toutes les poches.

Les chambres d'hôtes

Répandues en ville comme en province, elles sont la solution idéale lorsqu'on voyage en couple. Certaines structures proposent aussi des chambres familiales. Les prix peuvent varier considérablement selon la localisation, les prestations et le niveau de confort. La taille réduite et le caractère familial de ces établissements encouragent les échanges et la convivialité.

L'albergo diffuso

C'est une forme d'hébergement typiquement italienne, qui consiste

Un «albergo diffuso» en Carnia

en un ensemble d'anciennes demeures soigneusement restaurées, le plus souvent en pierre. Ces maisons se trouvent dans un même village et ont un certain nombre de services communs : réception, restaurant, parfois un spa, etc. Charme et authenticité sont garantis !

L'agriturismo

C'est une forme d'agrotourisme basé sur la propriété agricole. Présents en grand nombre dans les zones rurales, ils permettent une immersion totale dans la nature, sans renoncer au confort de la vie moderne. Certains établissements proposent des repas issus des produits de la ferme, d'autres uniquement des dégustations. Dénominateur commun : le contact avec la terre et une relation de proximité avec les propriétaires.

Les appartements

Particulièrement adaptés aux longs séjours, les appartements sont parmi les solutions d'hébergement les moins chères. Certains appartements sont tellement bien équipés et aménagés qu'on a l'impression d'être chez soi. Mieux vaut réserver directement chez le propriétaire plutôt que de passer par des intermédiaires. Les négociations ne seront pas plus compliquées ou moins fiables et les échanges s'avèreront beaucoup plus intéressants.

Les campings

Largement répandus au bord des lacs et sur la côte, les campings ne sont pas qu'une affaire d'habitués. Ils sont généralement bien équipés et l'ambiance y est cosmopolite et festive. C'est d'ailleurs ce qui attire beaucoup de novices, désireux de faire de nouvelles rencontres.

Les auberges de jeunesse

Organisées en coopératives ou bien gérées de façon privée et souvent familiale, les auberges de jeunesse sont idéales pour un séjour en ville. Un prix bas n'est pas forcément synonyme d'inconfort et vous pouvez avoir facilement des chambres pour deux personnes avec salle de bain privative.

Les hôtels et resorts

De nouveaux établissements respectueux de l'environnement ont vu le jour ces dernières années. De standing différent, ils sont accessibles à tout un chacun. Ainsi, vous pourriez bien ne pas avoir de frigobar dans votre chambre, mais un jardin potager à votre disposition.

Voyages organisés et guides

Les associations

L'association AITR (Associazione Italiana Turismo Responsabile) est la référence en matière de tourisme durable en Italie. Elle recense les principaux acteurs du secteur, dont des tour-opérateurs et des coopératives gérant des structures d'hébergement. Son but est de promouvoir la connaissance et la pratique du tourisme durable en Italie et dans le monde.

Legambiente est l'association italienne pour la défense de l'environnement. Parmi ses différentes activités, elle recense et prime chaque année les hébergements particulièrement vertueux au niveau écologique.

AIAB Italia est l'association italienne pour l'agriculture biologique. Elle s'occupe entre autres de la certification des « agriturismi » biologiques.

Trekking Italia est la référence de la marche à pied. Avec des antennes à Gênes, Milan, Turin, Bologne et Venise, le choix des itinéraires est vaste. Des trekkings de plusieurs jours, d'un week-end ou d'une seule journée sont proposés sur le site Internet.

Un lac alpin

Les tour-opérateurs

Four Seasons Natura e Cultura est un tour-opérateur spécialisé dans l'organisation de voyages qui combinent culture et nature. Il propose également des excursions en journée et développe des activités didactiques, notamment dans des parcs.

Kailas est le spécialiste de la randonnée en haute montagne et notamment dans les Dolomites. Ses trekkings s'adressent à de petits groupes (tarifs dégressifs en fonction du nombre de personnes) et prévoient des étapes dans des refuges. Tous les guides sont des géologues et des alpinistes expérimentés.

Les rencontres avec la population locale sont au cœur de la démarche de Viaggi e Miraggi. Ainsi, vous traverserez par exemple des alpages et visiterez des élevages de chèvres au Piémont, sans oublier de déguster leurs excellents fromages !

Enfin, Planet Viaggi Responsabili opère essentiellement dans la région de Vérone et organise des activités en étroite collaboration avec des coopératives locales. Parmi ces activités, des trekkings avec des ânes, des repas chez les vignerons ou encore des rencontres avec des descendants de partisans piémontais.

Les guides

Bien qu'il existe de nombreux organismes et associations regroupant des guides excursionnistes, l'appellation officielle est « Guida Ambientale Escursionistica », certifiée par l'association AIGAE (Associazione Italiana Guide Ambientali Escursionistiche). Méfiez-vous des contrefaçons !

Nourriture

Les endroits pour manger, ce n'est pas ce qui manque en Italie. Le Nord offre de nombreuses possibilités, que vous souhaitiez un repas frugal ou complet, que vous ayez un budget restreint ou plus confortable, que vous soyez attachés aux plats de la tradition ou plus ouverts aux expérimentations. Les végétariens trouveront également leur bonheur avec des menus dédiés.

Les fast-food à l'italienne

La richesse et la variété de la gastronomie italienne sont bien connues et s'expriment à tous les niveaux. Faites le test : rentrez dans dix cafés différents et vous ne tomberez jamais sur le même sandwich ou le même plat de pâtes.

Dans les grandes villes, les plats proposés s'inspirent souvent des spécialités d'autres régions. Ainsi le « classique » sandwich farci côtoie facilement le « tramezzino », d'origine romaine, ou bien le « panze-

rotto », spécialité des Pouilles. Certains cafés historiques de Milan ou de Turin proposent un menu complet, dans un cadre élégant et cosmopolite.
Les adresses de « street food » se sont multipliées ces dernières années. A côté des bagels et hamburgers, vous trouverez des spécialités régionales délicieuses, à commencer par les « arancini » siciliens (boulettes de riz panées), les brochettes de mouton ou les boulettes de viande.

Tradition et convivialité

Les « trattorie » sont l'endroit idéal pour savourer les plats traditionnels. Le décor y est rustique, mais l'ambiance conviviale. Le vin est généralement servi au pichet. Laissez-vous guider par le maître de maison pour le choix des plats, ou alors n'hésitez pas à vous inspirer de l'assiette du voisin !

Le kilomètre zéro

Si vous souhaitez savoir d'où viennent les ingrédients que vous êtes en train de manger, optez pour un « agriturismo ». Ici, le « kilomètre zéro » n'est pas un slogan, mais bien une pratique, en effet, la loi impose que les produits utilisés proviennent majoritairement de l'exploitation agricole de l'établissement.
Dans le Carso, sur les hauteurs de Trieste, ces établissements s'appellent « osmize ». Charcuterie de porc et vin local sont toujours au rendez-vous. Vous pouvez avoir aussi du fromage, des œufs, des légumes et des gâteaux, bref, un repas complet sous le signe du terroir et de la bonne humeur.
Les refuges sont des sortes d'auberges caractéristiques de la haute montagne. Immergés dans une nature vierge, on y respire une atmosphère familiale et on y déguste les plats de la tradition montagnarde. Certains ne sont ouverts qu'en hiver ou en été, renseignez-vous bien.

Le meilleur du terroir

La chaîne « Eataly » consiste en une série de supermarchés où vous trouverez le meilleur du terroir italien. Des centaines d'étiquettes mettent à l'honneur les petites productions locales, des yaourts de la Valteline aux chocolats d'auteur toscans, en passant par les riz et les gressins artisanaux du Piémont. Vous pourrez choisir entre plusieurs formules : à emporter, street food avec des spécialités locales ou restaurant avec des plats préparés sur commande. En plus, certains magasins « Eataly » vendent des cosmétiques bio. N'hésitez pas à y faire un tour à Turin, Milan, Gênes, Bologne ou Florence.

Les restaurants

Vous n'avez que l'embarras du choix ! Traditionnels, ethniques, régionaux ou bio, il y en a vraiment pour tous les goûts et dans toutes les gammes de prix. Sachez que le couvert et la boisson sont payants, l'eau aussi ! En effet, elle est rarement gratuite, même lorsqu'elle est filtrée. Les prix peuvent varier considérablement au déjeuner ou au dîner. Un menu à prix réduit est souvent proposé le midi.

Autres conseils

Téléphone

Que vous souhaitiez réserver une chambre, faire une visite ou aller au restaurant, pensez toujours à appeler avant : cela vous évitera des frustrations inutiles. Certes, les imprévus peuvent vous réserver aussi de belles surprises : prenez toujours en compte cette part d'imprévisible qui est le sel du voyage et qui rend l'Italie si spéciale ! Contrairement aux numéros de téléphone fixes, les portables n'ont pas de préfixe 0 en Italie. Ainsi, lorsque vous voyez un numéro commençant par 339 ou 347 par exemple, sachez qu'il s'agit bien d'un mobile et que vous pouvez aussi envoyer un texto pour ne pas épuiser votre forfait dès le premier jour.

Prises électriques

Pensez à emporter un adaptateur compatible avec les prises italiennes. Certains trains comme les « Frecce » vous permettent de brancher vos appareils électriques grâce à des multiprises, mais ce n'est pas toujours le cas.

Lire une adresse à Florence

Les numéros des rues à Florence ne sont pas toujours faciles à déchiffrer. En effet, ils peuvent être suivis d'une lettre indiquant la couleur, « r » (rouge) ou « n » (noire). Ainsi, en voyant l'adresse « Via Firenze 3n », par exemple, vous ne devez prendre en compte que les numéros de couleur noire.

Décrypter une adresse à Venise

Les adresses de Venise sont très synthétiques et donc très obscures. Elles portent toujours la mention du quartier (« sestiere »), accompagnée d'un numéro, qui peut aller jusqu'à plus de 3 000 (ex. Cannaregio 3 082). Même si vous demandez à un Vénitien, il ne saura pas vous aider, en effet, il manque une information fondamentale : le nom de la rue. N'oubliez pas d'appeler le restaurant ou l'hôtel que vous recherchez pour demander la « calle », le « rio », la « fondamenta » ou le « campo » le plus proche.

Carte d'identité

Le Nord de l'Italie comprend la Vallée d'Aoste, le Piémont, la Ligurie, la Lombardie, le Trentin-Haut-Adige, le Frioul-Vénétie Julienne, la Vénétie et l'Emilie-Romagne. Dans ce guide, nous parlerons également de la Toscane, de l'Ombrie et des Marches, traditionnellement rattachées au centre de l'Italie.

L'arc alpin

S'étendant de la France à la Slovénie, cette région très préservée regorge de paysages de montagne majestueux, dominés par les Dolomites. Vous pourrez y pratiquer une infinité de sports en été comme en hiver. Les traditions perdurent et sont ancrées dans une culture locale très vivante.

Le cœur du nord

Turin, Milan et Bologne sont trois villes capitales. Culturellement très dynamiques, elles offrent musées, jardins, shopping, movida, mais aussi de séduisantes balades à pied et à vélo. L'apéritif est un rendez-vous incontournable et le « caffè al bar » un rituel de toutes les heures.

La côte adriatique

Face à la Croatie, la lagune de Venise et la Riviera del Conero sont deux perles paysagères méconnues et sauvages. Vous pourrez faire des promenades enchanteresses et savourer des plats de poisson absolument fabuleux. L'histoire millénaire vous surprendra, la magie de l'eau fera le reste.

La côte tyrrhénienne

Une végétation et un climat typiquement méditerranéens caractérisent les Cinque Terre et la Maremme. Une chose est sûre : il vous faudra de bonnes jambes pour randonner ou pédaler dans les parcs. En récompense, vous jouirez d'une vue sublime sur la mer et sur les collines de Toscane.

Toscane et Ombrie

Synonyme d'art de vivre, ces deux régions sont un concentré d'art et d'histoire. Villes, campagne et montagne seront le cadre de vos balades à pied, à vélo ou à cheval ainsi que de vos prouesses en rafting ou en parapente. L'artisanat florissant, l'hospitalité des habitants et la cuisine succulente seront autant d'occasions d'émerveillement.

Calendrier des festivités

Janvier	Marcialonga au Val di Fiemme et Fassa (compétition de ski de fond)
Février	Carnaval des « Matoci » au Valfloriana (masques en bois)
Mars	Fête de Saint-Benoît à Norcia « Sciacchetrail » dans les Cinque Terre
Avril	« Mostra dei fiori » à Florence (exposition florale) « Su e zo » à Venise (promenade dans la Venise moins connue)
Mai	Calendimaggio à Assise (fête du printemps) Cantine aperte (dégustations chez les vignerons) « Vogalonga » à Venise (randonnée de bateaux à avirons)
Juin	Mercato delle Gaite à Bevagna (démonstrations de métiers médiévaux) Foire des marchands d'anchois à Dronero « Vanchiglia Open Lab » à Turin (festival culturel)
Juillet	« Fasin la mede » à Sutrio (fête de la récolte du foin) « Il cinema ritrovato » à Bologne (projection de films anciens restaurés en plein air)
Août	« Festambiente » à Rispescia (festival d'écologie, solidarité et culture)
Septembre	Joute de la Quintaine à Foligno (tournoi équestre) « Desmontegada » au Val di Fiemme (retour des chèvres de l'alpage) « Magia del legno » à Sutrio (artisanat du bois) Foire du fromage à Castelnuovo di Garfagnana
Octobre	Festival du marron à Cuneo
Novembre	Frantoi Aperti (dégustations d'huile nouvelle chez les producteurs)
Décembre	Crèche vivante à Rasiglia

Magazine

L'Italie du Nord en quelques mots ....

Si vous aimez la nature, vous ne serez pas déçus, la région compte neuf parcs nationaux et un site naturel du patrimoine de l'UNESCO, les Dolomites. Les zones marines protégées sont au nombre de six, parmi lesquelles on trouve les Cinque Terre, le Golfe de Trieste et la mer de Portofino. Si vous êtes plutôt adeptes des vacances culturelles, la richesse artistique et le dynamisme de villes comme Turin, Milan, Bologne, mais aussi Ravenne, Sienne ou Pérouse, n'en finiront pas de vous enchanter. Si vous préférez le « dolce far niente » en bord de mer ou à la campagne, la Toscane et les Marches sauront parfaitement répondre à vos attentes.

Une région à l'avant-garde

Le Nord de l'Italie a toujours été une région à l'avant-garde du point de vue politique et économique. L'unité nationale est née au Piémont dans la seconde moitié du XIXe siècle et Turin a été la capitale de l'Italie avant Rome. Cette primauté s'est prolongée et même accentuée au cours du XXe siècle. En effet, après avoir connu de fortes migrations vers l'étranger, le Nord est devenu synonyme de bien-être économique dans l'après-guerre. Les pôles industriels de Turin, Milan et Gênes ont attiré à eux seuls plus d'un million de travailleurs du Sud en l'espace de quelques années.
Aujourd'hui, les grandes entreprises regagnent du terrain après la crise et de nouveaux secteurs se développent, notamment dans la « green economy ». Celle-ci assure 13% du total des emplois et concerne tous les secteurs de l'économie italienne. La Lombardie, le Piémont, la Vénétie et l'Emilie-Romagne se démarquent dans les produits technologiques et la gestion des déchets, alors que le Trentin-Haut-Adige est exemplaire en matière d'éco-bâtiment et d'écotourisme.

Une structure décentralisée

En Italie, vous n'aurez jamais la sensation d'être « en province » dans le sens « en dehors de la capitale ». Cela est d'autant plus vrai au nord, où vous avez plusieurs villes de renom, chacune avec son propre caractère et ses spécificités. Si Milan est considérée comme la capitale du design, Turin est la capitale de la gastronomie et Venise et Florence se disputent le titre de capitale culturelle.

Du point de vue administratif, le territoire est divisé en régions, provinces et communes. Certaines régions et provinces ont un statut spécial, il s'agit notamment des régions autonomes du Trentin-Haut-Adige, du Val d'Aoste, du Frioul-Vénétie Julienne et des provinces autonomes de Trente et de Bolzano. Ces dernières années, cette répartition a été remise en question car elle pèse lourd sur la balance. Des propositions ont été faites pour réduire le nombre de provinces, voire pour les éliminer, ce qui n'a pas manqué de soulever un vif débat. La population s'est sentie profondément affectée par ce projet et presque trahie dans son rapport au territoire et à la communauté. Finalement, la proposition n'a pas eu de suite. Un autre rôle important des provinces concerne le désenclavement des petites communes situées dans des zones défavorisées.

Un puzzle de moyennes et petites villes

A l'image du reste du pays, l'Italie du Nord est un territoire constitué de quelques grandes villes, d'un bon nombre de villes de taille moyenne et d'une infinité de hameaux minuscules. A titre d'exemple, le Val d'Aoste compte 74 communes dont 73 ont une population inférieure à 5 000 habitants. C'est un tissu très dense et très vivant qui a su préserver ses traditions, c'est d'ailleurs ce qui fait toute sa richesse. Les politiciens l'ont bien compris et de nombreuses actions sont menées pour la défense des spécificités culturelles, notamment en ce qui concerne la valorisation du terroir et des identités locales. La récupération des centres historiques s'inscrit aussi dans cet esprit et la forme d'hébergement « albergo diffuso » en est un clair exemple (voir page 7). D'autres initiatives vont dans la même direction : le label « I borghi più belli d'Italia » (les bourgs les plus beaux d'Italie) recense les bourgs les plus beaux du point de vue historique, artistique, culturel et environnemental et la fête nationale des petites communes « Voler bene all'Italia » (Aimer l'Italie) est organisée chaque année le premier dimanche de juin par l'association Legambiente.

Culture

Une mosaïque culturelle

L'Italie du Nord a toujours été perméable à des influences étrangères. Elle est de fait une terre de frontière et de passage entre le continent et la péninsule. Les républiques maritimes de Gênes, Pise et Venise ont dominé la Méditerranée pendant plusieurs siècles. Le Piémont a été français avant de devenir italien et Trieste a été une ville stratégique de l'empire austro-hongrois. Ces contacts ont favorisé une certaine ouverture culturelle et outre le catholicisme, d'autres religions

Le port de Trieste

ont pu s'implanter dans ces territoires. La communauté juive de Trieste est encore présente aujourd'hui et le protestantisme s'est développé sous la forme de l'Eglise évangélique vaudoise au Piémont. La proximité territoriale avec la France et l'Autriche a fait que deux régions sont officiellement bilingues, le Val d'Aoste et le Trentin-Haut-Adige. D'autres langues sont aussi présentes : le ladin, le slovène et le frioulan. Aujourd'hui, certaines minorités revendiquent leur autonomie. Certains partis politiques ont fait de la question identitaire leur cheval de bataille en extrémisant le concept. C'est le cas de la Ligue du Nord, ainsi que d'autres partis indépendantistes du Haut-Adige. Curieusement, la tendance s'est inversée et le Nord, qui a été le berceau de l'unité nationale, est devenu le fief des forces politiques séparatistes les plus importantes du pays.

Un patrimoine richissime

L'Italie est un musée à ciel ouvert, c'est bien connu. Avec ses sites archéologiques et ses monuments historiques, c'est le premier pays contributeur au patrimoine de l'UNESCO. Sans oublier ses paysages ! Que vous parcouriez le Nord en long ou en large, vous serez comblés par la beauté du patrimoine architectural et naturel, combiné à une qualité de vie extraordinaire. Les zones de montagne du Trentin-Haut-Adige n'ont presque pas connu l'exode rural et ont été très peu victimes de la spéculation immobilière. La Toscane, l'Ombrie et les Marches ont su très bien préserver leur patrimoine culturel du fait de leur densité de population relativement faible. Les zones rurales du Val d'Aoste et du Frioul-Vénétie Julienne ont été très peu touchées par le phénomène d'urbanisation. Si d'autres régions connaissent un sort moins rose, notamment en matière de constructions illégales, il faut espérer que les catastrophes hydrogéologiques qui se sont produites ces dernières années entraîneront un durcissement des lois. Des associations environnementales comme Legambiente se battent pour cela.

Société

Les identités et les langues

Qu'elle soit ethnique, linguistique ou religieuse, la diversité culturelle est partout. Quelque trois millions de personnes, soit un peu moins de 5% de la population italienne, parlent une langue dite minoritaire, protégée par la loi. Dans le Nord, le frioulan, l'allemand et l'occitan (parlé essentiellement dans les vallées de Cuneo) regroupent les communautés les plus importantes. Les franco-provençaux se concentrent dans les provinces d'Aoste et de Turin, les slovènes se répartissent entre Trieste, Gorizia et Udine et les ladins sont présents dans le territoire de Bolzano, Trente et surtout Belluno. Les francophones vivent au Val d'Aoste tandis que deux toutes petites communautés parlant le dialecte de Carinthie et de Carnia résistent respectivement dans les provinces d'Udine et de Belluno. Ce tableau ne saurait être complet sans compter les nombreuses variétés dialectales qui caractérisent chaque région, avec leurs accents et leurs expressions particulières. Par exemple, vous serez étonnés lorsque l'on vous répondra « volentieri ! » à Trieste, non pas pour satisfaire à une demande, mais bien pour dire « désolé ! ».

Les traditions qui perdurent

Les traditions sont un élément très important dans la vie des Italiens. Elles sont transmises d'une génération à l'autre et révèlent un sens d'appartenance très fort à la communauté. Il y a peut-être autant de traditions qu'il y a de familles en Italie. Tous les domaines de la vie sont concernés : la gastronomie, la religion, la musique, la danse, les fêtes, l'artisanat. En Emilie-Romagne, par exemple, il n'est pas rare de trouver des jeunes qui font encore des pâtes maison, et pas que le dimanche ! En Ombrie, les chants et le théâtre populaire côtoient l'art du tissage à la main ou de la céramique. Au Trentin, quasiment chaque village célèbre la fin de l'alpage à la fin de l'été et l'artisanat du bois est encore un métier prospère et rentable. Ces traditions ne sont pas du folklore dans l'acception péjorative du terme, mais font bien partie de la vie quotidienne. Un autre exemple : dans certaines régions à forte vocation rurale, les gens produisent eux-mêmes leur huile ou leur vin et parfois, ils possèdent même leur propre poulailler.

Le culte de la nourriture

La cuisine occupe une place centrale dans la culture et la vie des Italiens. On dit que lorsqu'ils ne sont pas en train de manger, ils parlent de ce qu'ils ont mangé la veille. Il faut dire que les sujets de conversation ne manquent pas et les discussions peuvent atteindre parfois des sommets. Par exemple : est-ce qu'on met ou pas de l'oignon dans les pâtes carbonara ? L'humour est d'ailleurs une composante très importante du repas italien, car il se fait toujours dans la convivialité, accompagné d'un bon verre de vin. Si un repas complet est plus rare dans la semaine, un plat unique est également inconcevable. Soyez prêts lorsque vous êtes invités, une invitation informelle peut vite devenir très engageante, notamment pour votre estomac !

Les spécialités régionales

La nourriture est succulente et variée et les nombreuses spécialités régionales ne manqueront pas d'émerveiller vos papilles.

Antipasto : Le « gnocco fritto » est une tradition culinaire de Modène : de la pâte à pain frite censée accompagner une assiette de charcuterie. Pas très diététique, mais ô combien meilleur qu'une tranche de pain !
Primo : La polenta est sans aucun doute la reine des premiers plats. Cuisinée avec du fromage fondu, d'après la tradition des vallées lombardes (« polenta taragna »), ou bien assaisonnée avec de la sauce de gibier à la manière de Bergame (« polenta e osei »), en Vénétie, elle est souvent proposée grillée en accompagnement.
Le risotto est la spécialité piémontaise par excellence. Le plus célèbre est sans conteste celui au safran (« risotto alla milanese ») mais la fantaisie des Italiens étant sans limite, une infinité de variantes sont possibles, les unes plus originales que les autres. N'avez-vous jamais essayé le risotto aux orties ?
Parmi les autres spécialités, rappelons les « pizzoccheri » de la Valteline (pâtes maison qui ressemblent vaguement à des tagliatelles), les « canederli » du Trentin-Haut-Adige (quenelles à base de jambon et de fromage) et les plus connus, les « tortellini » d'Emilie-Romagne.
Secondo : Si Milan est surtout connue pour son risotto, peu de gens savent que la spécialité de la ville est la « cassoeula », un plat typiquement hivernal à base de chou et de porc que l'on peut encore déguster dans quelques « trattorie ».

De la polenta et du fromage fondu

Celles-ci proposeront également l'« ossobuco », viande de veau très savoureuse assaisonnée avec de l'ail et du persil.
Les oignons sont à l'honneur dans la cuisine vénitienne. Déclinés avec de la viande (foie à la vénitienne) ou du poisson (« sarde in saor »), ils sont cuits pendant longtemps jusqu'à obtenir une texture crémeuse.
Enfin, comment ne pas citer le « brasato al Barolo » et le « fritto misto » piémontais ! Le premier est un morceau de boeuf mijoté dans du vin rouge et le deuxième, une friture dont la grande variété salée et sucrée vous surprendra.
Contorno : Parmi les accompagnements, les « patate in tecia » (pommes de terre à la poêle) font la renommée de la cuisine frioulane, simple et savoureuse à la fois. Ici, le lard et le vin blanc contribuent largement à la richesse du plat.
Les artichauts de Sant'Erasmo, dans la lagune de Venise, sont un des fleurons du terroir italien, labellisé Slow Food. Ils se mangent de préférence crus, lorsqu'ils sont tout jeunes.
Enfin, la « bagna cauda » est une sauce à base d'anchois et d'huile d'olive utilisée au Piémont pour tremper des crudités.
Dolce : La Ligurie et le Piémont sont réputés pour leurs biscuits, respectivement les « canestrelli » et le « baci di dama ». Les deux ont une pâte très friable et sont parfaits à l'heure du thé. A la différence des « canestrelli », les « baci di dama » sont fourrés de « gianduia », la célèbre crème de noisette piémontaise. D'ailleurs, si vous êtes à Turin, n'oubliez pas de goûter la glace du même nom !

Environnement

L'agriculture, fleuron du made in Italy

La qualité des produits agro-alimentaires italiens est reconnue et appréciée dans le monde entier. Le pays compte parmi les dix premiers producteurs bio du monde et ses spécialités, comme l'huile d'olive vierge extra, font la renommée de la diète méditerranéenne. Si l'agriculture bio et ses nombreuses variantes (biodynamique, intégrée, etc.) sont largement pratiquées dans le pays (19% des terres cultivées), la force principale de l'agriculture italienne repose sur des exploitations agricoles de petite taille (8 hectares en moyenne) à caractère familial, qui utilisent des méthodes de culture naturelle sans pour autant être bio. En effet, les démarches liées à la certification se révèlent tellement complexes et onéreuses que ces sociétés sont obligées d'y renoncer. Cela représente clairement un obstacle à leur survie et des systèmes de certification plus souples sont à l'étude. Outre le bio, d'autres labels sont présents sur le marché, tous réglementés par l'Union Européenne : DOP (Denominazione di Origine Protetta), IGP (Indicazione Geografica Protetta) et STP (Specialità Tradizionale Garantita).

Le Festival du jambon de Parme

Le terroir

Avec 270 appellations, l'Italie est leader en Europe en matière de produits du terroir. L'huile d'olive, les légumes, les fromages et la charcuterie font la fierté du pays, sans oublier ses viandes ou ses pâtes. Certaines régions à forte vocation agricole ont obtenu l'appellation d'origine protégée pour la totalité de leur territoire, c'est le cas de l'Ombrie pour sa production d'huile d'olive vierge extra « DOP Umbria ». Cependant, si certains produits connaissent un vif succès, comme par exemple le parmesan Reggiano et Grana Padano ou les jambons de Parme et San Daniele, d'autres productions ont du mal à se vendre, y compris l'huile d'olive, un signe que la filière souffre d'une manière générale. Les subventions européennes suffisent à peine à couvrir les frais de production et l'agriculture reste un secteur peu rentable, voire pas du tout rentable dans les cas les plus critiques. Les petits producteurs sont bien sûr les premiers touchés. Autre exception, le vin. Plus de 60% de la production se concentre dans le Nord et notamment en Vénétie (Prosecco), au Piémont (Asti) et en Toscane (Chianti). D'autres appellations plus ou moins connues sont présentes au Frioul-Vénétie Julienne (Friuli Grave), au Trentin (Alto Adige), en Lombardie (Franciacorta), dans les Marches (Verdicchio) et en Ombrie (Sagrantino).

Le « slow food »

Il n'est pas étonnant que le Slow Food, le mouvement qui a fait du « bien manger » une véritable philosophie de vie, soit né en Italie. Et pas n'importe où, mais bien au Piémont, une région richissime avec 58 appellations viticoles AOC/AOCG et 31 produits slow food. Chaque année au mois d'octobre, le « Salone del Gusto » (Salon du Goût) se tient à Turin et de nombreuses autres manifestations sont organisées dans d'autres villes

« Cheese », la foire du fromage de Bra

piémontaises et au-delà. « Cheese », la foire internationale du fromage, a lieu à Bra tous les deux ans au mois de septembre et le 10 décembre de chaque année le « Terra Madre Day » fête la biodiversité dans le monde entier. Parmi les autres activités de l'association, on trouve des formations, des rencontres, des publications diverses et des guides à la consommation, téléchargeables gratuitement depuis le site slowfood.it/guide-al-consumo (malheureusement, ils ne sont disponibles qu'en italien).

Le circuit court

Les actions de sensibilisation de nombreuses associations comme Slow Food autour de la question alimentaire ont contribué à changer les comportements. La tendance de ces dernières années est de court-circuiter la grande distribution en se rapprochant des petits producteurs. C'est le principe du « kilomètre zéro ». Les initiatives pullulent et ne manquent pas d'originalité. Des groupes d'achat solidaires (GAS) se sont développés sur tout le territoire italien et tout particulièrement en Lombardie. Il s'agit de l'équivalent des AMAP en France. Des marchés de producteurs bio ou locaux se sont multipliés dans les villes. Des sociétés agricoles proposent d'adopter un olivier ou une chèvre pour assurer sa propre production d'huile ou de fromage et de nouveaux concepts de restaurants et autres espaces conviviaux ne cessent d'apparaître. Parmi les plus originaux : un « potager avec cuisine » et une « ferme culturelle » à Milan.

slowfood.fr : site officiel du mouvement homonyme
giallozafferano.it : site de recettes italiennes (en italien uniquement)
cheese.slowfood.it : site officiel de la foire du fromage qui se tient à Bra tous les deux ans
cuccagna.org : une « ferme culturelle » au cœur de Milan

A la rencontre des habitants ....

- Les Italiens ont généralement le contact facile. D'une simple demande d'information peut naître toute une conversation et parfois même une invitation à boire un verre ou à déjeuner. N'ayez pas peur !
- Les Italiens sont assez fiers de leur ville. N'hésitez pas à leur poser des questions, ils seront ravis de vous renseigner.
- Les Italiens adorent communiquer. Vous pouvez parler de tout, de politique, de sport comme des pâtes que vous avez mangées la veille. Place à la fantaisie !
- Les Italiens ne sont pas toujours très forts en langues, alors ne vous formalisez surtout pas si vous ne parlez pas italien. Vous pouvez toujours faire appel à la langue des signes...

Enfin, sachez que les rencontres peuvent se faire dans les lieux les plus inattendus. Laissez-vous surprendre !

Réservez directement

Aussi paradoxal que cela puisse paraître, le premier moyen pour entrer en contact avec la population locale, c'est Internet. Qu'il s'agisse d'un logement, d'un guide ou de n'importe quelle autre prestation de service, essayez d'éviter les intermédiaires et prenez contact directement avec les personnes concernées. Un mail, et encore plus un appel téléphonique, vous permettront de tester leur disposition face à vos demandes et, en outre, vous pourrez recevoir des informations très utiles sur votre séjour et la région. Il y a des propriétaires qui feront tout pour vous simplifier les choses. Encore une fois, la langue ne doit pas être une barrière, n'oubliez pas qu'il existe Google Translate !

Privilégiez les chambres d'hôtes ou l'« agriturismo »

Les chambres d'hôtes sont une excellente occasion de rencontrer des Italiens : vous logez chez eux ! Parfois, ils habitent dans un immeuble à côté, en tout cas, vous les verrez tous les jours, et notamment au petit-déjeuner. Vous pourrez ainsi échanger avec eux, dans une ambiance conviviale et dans la bonne humeur (le parfum d'un bon café y est pour quelque chose). Vous apprendrez alors la recette de la tarte maison que vous aimez tant ou saurez tout des fêtes qui auront lieu pendant votre séjour. Vous pouvez aussi leur demander de l'aide en cas de problème. De même, si vous choisissez de loger dans un « agriturismo », les propriétaires seront régulièrement présents pour s'occuper des champs ou des animaux. Vous pourrez par exemple assister à la cueillette des olives et même y participer, si vous le souhaitez. Une soirée conviviale autour d'un verre ou un barbecue improvisé ne sont pas rares non plus. Vous aurez un peu l'impression de « faire partie de la famille ».

Promenez-vous en plein air

Les Italiens vivent en général beaucoup à l'extérieur, surtout dans les petits villages. Sur la place principale, sur les terrasses des cafés ou devant la porte de chez eux, les gens discutent ou regardent simplement le « passeggio ». Lieu d'agrégation par définition, les jardins publics et les parcs urbains sont des endroits propices pour rencontrer des familles avec enfants. Vous verrez qu'à tous les âges, les échanges sont plus immédiats et moins formels et qu'on se tutoie beaucoup plus facilement qu'en France. Ne le prenez pas mal, ce n'est pas du tout irrespectueux.

Fréquentez les cafés sans modération

Les cafés sont des lieux très chers aux Italiens. Ouverts du matin au soir, on y va à toute heure pour boire un café, pour lire son journal, pour jouer aux cartes et surtout pour bavarder. Prendre son petit-déjeuner au café ou son apéritif le soir peut être une belle occasion de se faire des amis mais à une condition : il faut y retourner régulièrement. Vous serez alors considérés comme un client habituel, ce qui suscite la sympathie et favorise les échanges. En plus du plaisir de boire un cappuccino fait dans les règles de l'art, vous pourrez vous entretenir avec les serveurs et avec les autres clients. D'ailleurs, pour cela il est impératif de boire son café au comptoir !

Achetez les fruits et les légumes chez le producteur

Dès que vous vous éloignez un peu de la ville, vous verrez très souvent des affiches écrites à la main qui portent la mention « produzione propria ». Suivez-les ! Il s'agit des producteurs de fruits et de légumes qui vendent leur récolte directement sur l'exploitation. C'est la quintes-

Un marché en Ombrie

sence du kilomètre zéro. Certains producteurs ne manquent pas d'humour et vous inviteront par exemple à déguster leurs « pêches tout juste pêchées ». C'est dire si les échanges peuvent être intéressants… Et si la faim devait vous envahir, il y en a même qui vous inviteront à manger leurs fruits sur place. Vous pourrez alors en savoir plus sur les méthodes de culture, sur les aides à l'agriculture ou même sur d'autres sujets. Parfois, vous pouvez trouver aussi d'autres produits comme des œufs et du fromage.

Faites des randonnées

Randonner est un sport qui se prête aux rencontres, pourvu qu'on soit à plusieurs. Les pauses peuvent s'avérer des moments très conviviaux. Si réserver un guide privé est très facile, s'unir à un groupe préconstitué est moins évident puisqu'un nombre minimum de participants est généralement demandé. N'hésitez pas à prendre contact avec plusieurs guides en même temps, vous aurez plus de chances qu'une randonnée soit confirmée.

Respect de la nature

L'agrotourisme

Depuis une vingtaine d'années, la question environnementale est un des axes de développement du tourisme italien. De nombreuses actions sont menées dans cette direction, la plus connue est certainement la valorisation de l'« agriturismo ».
Il s'agit d'une forme de tourisme rural basé sur la propriété agricole. Ses objectifs sont multiples : pérenniser ou favoriser la présence d'entreprises agricoles dans les zones rurales, contribuer au réaménagement du territoire agricole avec une attention particulière prêtée aux zones de montagne, sauvegarder le paysage, valoriser les produits du terroir et promouvoir le tourisme de plein air ainsi que les échanges entre le monde agricole et le monde urbain.

Un « agriturismo » à Pérouse

La cueillette des olives

Afin d'obtenir l'appellation d'« agriturismo », il faut remplir les conditions suivantes :

- Il faut posséder une entreprise agricole avec un terrain d'une superficie minimum variable en fonction du type de culture.
- Il faut pouvoir offrir l'hospitalité.
- Il faut que les bâtiments destinés à l'hébergement se trouvent dans le périmètre de l'exploitation ou à proximité.
- S'il y a un restaurant, les repas doivent se baser pour les deux tiers sur la production agricole de l'établissement et un minimum d'animaux d'élevage est requis, au cas où de la viande serait proposée. On peut également vendre les produits alimentaires issus de l'exploitation, élever des animaux et organiser des activités récréatives, culturelles et didactiques.

Aujourd'hui, il existe plus de 20 000 « agriturismi » en Italie dont la plupart se trouvent en Toscane et au Trentin-Haut-Adige.

A savoir : Dans un « agriturismo », vous vivez au rythme de la nature. Attendez-vous à voir des ouvriers de l'exploitation travailler dans les champs. Des machines peuvent être utilisées pour labourer la terre, couper le blé ou encore pour tailler les arbres. Soyez bienveillants vis-à-vis des bruits que cela pourrait générer. Les périodes de vendanges et de cueillette des olives (novembre) restent les plus intéressantes pour s'immerger dans la vie de l'exploitation.

Le labyrinthe des labels

Que cela concerne l'hospitalité tout court ou les hébergements durables, l'univers des labels est très complexe et parfois peu lisible pour un touriste, qu'il soit étranger ou italien. Il existe des labels internationaux et des labels nationaux, attribués par des organismes publics ou privés.

Voici la liste à retenir en matière de tourisme durable :

Au niveau international :
- L'Ecolabel est le label de l'Union Européenne, reconnu sur tout le territoire européen. De plus en plus de structures y ont adhéré ces dernières années, surtout au Trentin-Haut-Adige et en Toscane.
- « Green Key » est un label géré par une organisation non gouvernementale. Il a été introduit récemment en Italie et n'est pas très développé. Les régions du nord concernées sont la Ligurie, la Lombardie et la Toscane. green-key.org

Au niveau national :
- « Agriturismo bio ecologico » désigne les « agriturismi » qui appartiennent au réseau AIAB, association nationale en faveur de l'agriculture biologique. Là aussi, la Toscane est la région la plus représentée. bioagriturismi.it
- « Legambiente Turismo » est le label de l'association homonyme qui oeuvre pour la défense de l'environnement. legambienteturismo.it
- « Eco Bio Turismo » est un label délivré par ICEA, un consortium qui fait partie de l'association italienne pour le développement durable AITR. eco-turismo.it

Salade d'épeautre bio

- « ClimaHotel » est un label octroyé par l'agence publique Agenzia CasaClima de la province de Bolzano. Il certifie entre autres la performance énergétique des établissements. agenzia-casaclima.it
- « Eco World Hotel » est à la fois un label et une chaîne hôtelière. Né de l'initiative de quelques hôteliers, le réseau s'appuie sur un organisme de certification indépendant. Les hôtels et les chambres d'hôtes qui en font partie peuvent bénéficier d'une centrale d'achat de produits durables. ecoworldhotel.org

Au niveau régional, il y a un véritable foisonnement d'initiatives. L'Ombrie a créé par exemple un réseau d'hébergements amis du vélo appelé « Umbria Bike Hotel ». Les contrôles sont effectués directement par des experts régionaux. bikeinumbria.it

Conseil : les labels sont souvent un critère déterminant dans le choix d'un hébergement, mais il y a parfois quelques abus. N'hésitez pas à consulter le site de l'hôtelier pour vérifier que sa démarche durable est bien sérieuse.

Privilèges et bénéfices d'une voiture électrique

L'écotourisme, c'est également le recours à une mobilité douce, et parmi les différentes solutions disponibles on trouve la location de voitures électriques. En dehors des grandes villes, des sociétés privées assurent le service. Les bénéfices sont tangibles à tous les niveaux. Vous faites du bien, non seulement à l'environnement, mais aussi à votre portefeuille. Le prix de la location est bien inférieur à celui d'une voiture standard et, en outre, les recharges sont gratuites et illimitées, autrement dit, elles sont comprises dans le forfait. Retour sur investissement garanti ! Autre avantage : vous pouvez vous aventurer dans des zones normalement interdites aux non-résidents, ce qui est une chance inouïe (vous pourrez ainsi jouir de vues très romantiques, surtout le soir). Enfin, vous pouvez vous garer gratuitement dans les parkings désignés, ce qui vous évitera de dépenser des sommes assez importantes dans certaines villes historiques.

Bon plan : en Ombrie, la société Umbria Green Card livre des voitures électriques directement à votre domicile, et cela gratuitement. De plus, vous pouvez bénéficier de réductions sur des hébergements, des restaurants, des musées, etc. Une occasion à ne pas rater pour votre green tour dans le cœur vert de l'Italie. umbriagreencard.com

L'essor du cyclotourisme

Le cyclotourisme s'est beaucoup développé ces dernières années.

De plus en plus de personnes le pratiquent et des pistes cyclables se sont créées un peu partout. Parmi les villes les plus vertueuses, Ferrare tient la première place. Le site ferrarataterraeacqua.it/it/cicloturismo propose des itinéraires aussi bien à l'intérieur qu'à l'extérieur de la ville. Les terrains sont plats et donc accessibles à tous : vous pourrez y faire de belles découvertes naturelles et culturelles.
Le « Parco Cicloturistico dei Navigli », à côté de Milan, vous permettra de vous évader de la grande ville. 400 km de pistes cyclables vous attendent pour pédaler le long des canaux et des nombreuses fermes qui s'y trouvent. Une belle occasion de découvrir la région plus rurale qui entoure Milan. parconaviglio.com
Le Trentin propose de nombreux itinéraires à vélo, dont la piste cyclable du Val di Fiemme et Fassa, alors que les Marches offrent de nombreux itinéraires thématiques. Vous pourrez explorer ces derniers grâce à une application géolocalisée avec GPS intégré : bikeyourtravel.com
Si vous souhaitez éblouir vos amis, vous pourrez leur dire que vous avez fait du vélo dans les Alpes. Le Parc National du Grand Paradis au Val d'Aoste met à votre disposition des vélos électriques que vous pourrez utiliser gratuitement pendant trois heures. Du côté d'Aymavilles, vous pourrez découvrir de jolies routes panoramiques entourées de vignobles.
grand-paradis.it/it/servizi/bike-sharing
Enfin, si vous aimez l'aventure et les voyages à vélo, ce blog est incontournable : lifeintravel.it Vous y trouverez des itinéraires dans chaque région avec des informations et des cartes très détaillées.
Conseil : si vous souhaitez acheter des itinéraires autoguidés, demandez toujours un exemple avant de réserver. Vous verrez ainsi si vous êtes capables de le déchiffrer, les itinéraires GPS n'étant pas conseillés pour les néophytes.

Le Parco Sempione à Milan

L'ARC ALPIN

L'arc alpin est une région très vaste aux frontières multiples : la France et la Suisse à l'ouest, l'Autriche et la Slovénie au nord-est. Les paysages sont intacts et les traditions perdurent. Les sportifs n'auront que l'embarras du choix, de la randonnée, au VTT, en passant par le ski de fond ou le ski de randonnée. Les gourmets ne seront pas en reste : des refuges de haute montagne aux restaurants de haute cuisine, l'offre est riche et variée. Si la polenta est la reine des tables alpines, la fantaisie des chefs saura conquérir les palais les plus fins. Sur le plan des traditions, l'artisanat du bois est encore largement pratiqué au Trentin et les nombreuses fêtes renouent avec une culture ancienne, qu'elle soit occitane ou carnique. L'accueil chaleureux des habitants vous fera sentir plus encore la richesse de ces vallées.

Les 5 meilleures adresses de L'Arc Alpin

- ✓ Respirez à pleins poumons au Lou Pitavin
- ✓ Découvrez les vallées occitanes avec Daniela Rebuffo
- ✓ Explorez les montagnes de la Carnia avec Ecomotion
- ✓ Faites-vous plaisir au Castelir
- ✓ Dégustez un dîner romantique à La Cort

La vue du Monviso depuis la Vallée Maira

Une tarte à la bière artisanale du Val di Fiemme

Le printemps à Sauris

Rivières
Routes principales
Routes secondaires
40 Hébergements
39 Restaurants
43 Shopping
15 Activités
19 C'est gratuit
Suisse
France
Parco Nazionale della Val Grande
Ornavasso
Morbegn
Parco delle Orob Bergamasche
Varese
Como
Lecco
Bergamo
Aosta
Donnas
Busto Arsizio
Parco Nazionale Gran Paradiso
Milano
Bussoleno
Torino
Alessandria
Tortona
Piacenza
San Damiano Macra
Macra
Roccabruna
Villar San Costanzo
Marmora
Dronero
Marmora-Vernetti
Genova
La Spezi
France
Imperia
Sanremo
N
0
50 km
Mer Méditerranée
1 8 9
2
3 7 10 13 14
4
5
6

Allemagne
15 16 19 21
23 24 25
17 20 26
18 22 29
40
30 39
31
42
28
32 35
33 34
37 41
27
36 38
Vipiteno
Bressanone
Merano
Bolzano
Parco Nazionale dello Stelvio
Varena
Cavalese
Molina di Fiemme
Predazzo
Panchià
Trento
Parco dell' Adamello
Sauris di Sopra
Ovaro
Prato Carnico
Pesariis
Ravascletto
Cercivento
Tarvisio
Sutrio
Tolmezzo
Sauris
Forni di Sopra
Udine
Slovénie
Parco Nazionale delle Dolomiti Bellunesi
Azzano Decimo
Palmanova
Monfalcone
Trieste
Rovereto
Thiene
Treviso
San Donà di Piave
Brescia
Verona
Padova
Venezia
Croatie
Mantova
Cremona
Rovigo
Parco del Delta del Po
Parma
Ferrara
Mer Adriatique
Reggio Emilia
Modena
Bologna
Ravenna
Parco Nazionale dell'Appennino Tosco
Forlì
Parco Nazionale Casentinesi
Cattolica
Lucca
SAN MARINO
Firenze
Ancona
Livorno
Arezzo
Città di Castello
Siena
Perugia

Les vallées occitanes

Au sud-ouest de Turin, sur la frontière avec la France, les vallées occitanes du Piémont sont une région très préservée qui n'a pas cédé au tourisme de masse. La nature y est souveraine et ses nombreux sentiers feront le bonheur des randonneurs en été comme en hiver. Le VTT et le ski de randonnée y sont également pratiqués. Ses bourgs pittoresques témoignent d'une culture occitane encore vivante et ses excellences gastronomiques en font le paradis des gourmets.

Hébergements

€€€
Silence
Refuge
Montagne

ADRESSE Borgata Bedale 1, Macra
CONTACT rifugiolarua.it 339 4488845
TARIFS 40€/2pers

01 LA RUÀ
Une bonne base pour randonner

D'esprit ouvert et collaboratif, les propriétaires de ce refuge vous accueillent avec simplicité et courtoisie. Après un petit-déjeuner copieux à base de produits locaux ou faits maison, vous pourrez randonner à loisir en empruntant les nombreux sentiers balisés. Sur demande, vous pourrez également louer des raquettes de neige et des VTT. La commune compte parmi les plus petites d'Italie (environ 50 habitants), mais est riche en fêtes et manifestations, dont certaines sont organisées par le refuge.

Un automne à Marmora

€€€
B&B
Nature
Panorama

ADRESSE Borgata San Giovanni 1, Roccabruna
CONTACT bbroccabruna.it
328 5397168
TARIFS 50€/2pers

02 B&B SAN GIOVANNI
Une fenêtre sur la vallée

Ivana et Fabrizio vous accueillent dans une ambiance conviviale et dans un esprit de partage. A presque 1 000 mètres d'altitude, vous vivrez au rythme de la nature, entourés du silence et de la magie des bois. Dans l'appartement, spacieux et lumineux, vous ne trouverez pas de télévision, mais des livres, des jeux et beaucoup d'informations sur la région. Les myrtilles et les framboises de l'exploitation seront au rendez-vous au petit-déjeuner. Ivana est « guida ambientale » et pourra vous renseigner et guider dans vos randonnées.

POUR L'ENVIRONNEMENT
Chauffage au bois. Meubles de récupération. Production minimale de déchets.

POUR LES EFFORTS SOCIAUX ET CULTURELS
Possibilité de logement contre travail. Activités dans les bois pour les enfants.

Une borgata typique

03 CAVALLO BIANCO
Un bond dans le passé

€€€
Hôtel
Histoire
Palais

ADRESSE Piazza Manuel di S. Giovanni 18, Dronero
CONTACT ilcavallo-bianco.com
0171 916590
TARIFS 60€/2pers

Situé dans un ancien palais du 18ème siècle, cet hôtel vous fera revivre les atmosphères d'antan. Il propose des chambres spacieuses et confortables dont certaines ont des fresques et des lits à baldaquin. Fait remarquable, le mobilier et les objets de famille sont restés intacts. La cuisine proposée par le restaurant est traditionnelle. La structure fait partie d'un circuit de randonnée divisé en étapes, les « parcours occitans », dont elle finance l'entretien. Si vous venez pour randonner, n'hésitez pas à le mentionner, des tarifs avantageux vous seront proposés. De plus, des guides accompagnateurs pourront vous être conseillés sur demande.

04 LOU PITAVIN
Charme et relax

€€€
Nature
B&B
Romantique

ADRESSE Borgata Finello, Marmora
CONTACT loupitavin.it
0171 998188
TARIFS 86€/2pers

Valeria et Marco sont les charmants propriétaires de cette maison des rêves, certifiée « ClimaHotel ». Entourés de prés et de bois, vous vivrez au rythme de la nature et dégusterez une cuisine occitane délicieuse. Tout est produit sur place : les confitures, le pain, les tartes, même les biscottes ! Les truites sont pêchées dans les fleuves à proximité et les légumes proviennent du potager. Le chauffage est alimenté à la fois par des panneaux solaires et par une chaudière à bois.

POUR L'ENVIRONNEMENT
Matériaux de construction repérés à proximité de la maison (bois, pierres, briques). Le bois n'a pas été traité, juste séché naturellement. Enduits de terre crue.

POUR LES EFFORTS SOCIAUX ET CULTURELS
Collaboration avec des producteurs locaux.

La Locanda Ceaglio

€€€
Village-hôtel
Sport
Montagne

ADRESSE Marmora-Vernetti
CONTACT ceaglio-valle-maira.it
0171 998114
TARIFS 160€/2pers en demi-pension

05 CEAGLIO
Bien-être de haute montagne

Cet « albergo diffuso » (village-hôtel) est implanté dans un petit bourg de montagne merveilleusement récupéré. Dans cet endroit hors du temps, habité par 25 personnes réparties sur 17 « borgate », vous serez entourés par une nature majestueuse, que vous pourrez explorer à pied, à vélo ou en ski. Des parcours de géotourisme sont aussi possibles. Vous logerez dans des chambres modernes et confortables ou des appartements indépendants. Le chauffage est fourni par des panneaux solaires et le four est alimenté au bois. Le restaurant propose des menus pour végétariens, végétaliens ou sans gluten.

€€€
Auberge
Pique-nique
Parc

ADRESSE Via Ciciu 43, Villar San Costanzo
CONTACT ciciu.it
0171 1740068

06 LA CICIU LOCANDA
Café solidaire

Dans le café de cette auberge, il est bon de s'asseoir pour se relaxer et boire un café, tout en admirant les meubles et les objets de récupération. On peut également y goûter des tartes maison ou encore acheter un panier pique-nique (aussi disponible en version végétarienne) avant de visiter le Parco dei Ciciu, qui se trouve juste à côté. Des couvertures sont aussi proposées. L'endroit se caractérise par un esprit ouvert et plein d'idées originales, dont le « café suspendu », consistant à payer un café à un inconnu. Des cours de recyclage créatif et des soirées de cuisine végétalienne sont organisés périodiquement.

€€€
Restaurant
Élégant
Tradition

ADRESSE Piazza Marconi 2, Dronero
CONTACT ristoranteros-sorubino.it
0171 905678

07 ROSSO RUBINO
Le Piémont dans l'assiette

Hormis les gressins, tout est fait maison dans ce restaurant familial. Les ingrédients proviennent de producteurs locaux, ou du potager des propriétaires. Les plats traditionnels côtoient des inventions plus créatives. Parmi les spécialités : les pâtes maison et le risotto « mantecato ». L'attention portée à la cuisine se retrouve également dans quelques détails très appréciables : la lumière s'éteint automatiquement dans les toilettes et le pain est présenté dans des jolis paniers faits à la main par la maman.

POUR L'ENVIRONNEMENT
Préférence pour des producteurs et viticulteurs piémontais. Même l'eau en bouteille est locale.

POUR LES EFFORTS SOCIAUX ET CULTURELS
Le restaurant collabore étroitement avec l'Académie Slow Food et accueille régulièrement des stagiaires. Transmission de la tradition culinaire piémontaise.

€€€
Local
Fait maison
Charme

ADRESSE Strada Provinciale 17, Macra
CONTACT albial.com 0171 999149

08 AL BIAL
Haute cuisine de montagne

Ce restaurant propose une cuisine de haut niveau, basée sur les produits de la montagne. Les fournisseurs sont personnellement sélectionnés par le propriétaire, qui prépare tout maison, du pain à la glace. L'eau est dépurée par micro-filtration et n'est pas payante. Les intolérances alimentaires sont prises en compte avec des plats dédiés. Une sélection de vins bio est également proposée. Disponibilité, courtoisie et ambiance élégante rajoutent du charme au lieu.

POUR L'ENVIRONNEMENT
Produits issus majoritairement de la Vallée Maira : fromages, viandes, légumes, truites.

POUR LES EFFORTS SOCIAUX ET CULTURELS
Synergie avec d'autres acteurs du tourisme (cf. adresse 01 « La Ruà ») et proposition de menus à prix réduits.

L'église de Marmora

€€€
Dégustation
Fromages
Agrotourisme

ADRESSE San Damiano Macra
CONTACT lopuyvalle-maira.it
339 3155848
TARIFS 10€/pers

09 LO PUY
Un hameau de chèvres

Cet « agriturismo » se trouve dans un hameau à 970 mètres d'altitude, où vivent deux familles et 60 chèvres. On y admire le paysage, on y savoure la vie de montagne et surtout on y déguste d'excellents fromages. Tous sont à base de lait cru. Certains ont le goût de la lavande et du génépi récoltés dans les bois environnants. Vous pourrez voir les chèvres en train de pâturer ou les saluer dans l'étable. Dans les deux cas, vous ne pourrez pas les louper, il suffit de suivre votre odorat…

€€€
Musée
Occitan
Interactif

ADRESSE Via Val Maira 19, Dronero
CONTACT espaci-occi-tan.org
0171 904075
TARIFS 5€

10 ESPACI OCCITAN
Culture occitane

Situé dans la Vallée Maira, ce musée vous raconte la culture occitane de façon détaillée. Après une introduction sur l'histoire et la géographie, vous plongerez dans l'art, la littérature, la musique jusqu'à l'artisanat en passant par les fêtes populaires. Ludique et interactif, vous pourrez découvrir si votre nom de famille est d'origine occitane et vous exercer à prononcer quelques mots. Si vous préférez, vous pourrez vous déguiser en ours ou en troubadour… Un passage obligé pour connaître en profondeur la culture d'un peuple, longtemps oubliée.

Un groupe de musique occitane

Une cascade près de Canosio

11 DANIELA REBUFFO
Une très belle histoire

€€€
Visite
Sur mesure
Histoire

CONTACT danielarebuffo.com
380 5032614
TARIFS 60€/demi-journée

Grande connaisseuse de la Vallée Maira et de la région occitane, Daniela propose des visites sur mesure qui s'adaptent à vos intérêts. Elle est passionnée et adore partager des histoires. Vous apprendrez comment les anchois sont devenus un élément très important dans la cuisine piémontaise, comment les cheveux ont fait la fortune de l'économie locale et comment ces vallées ont façonné le caractère des gens. Mais elle vous parlera aussi de musique, de légendes et de gastronomie, bien sûr ! Une expérience enrichissante et fascinante !

12 TERRA DEL CASTELMAGNO
Immersion dans la vallée

€€€
Tour
Culture
Gastronomie

ADRESSE Frazione San Pietro 89, Monterosso Grana
CONTACT terradelcastelmagno.it
329 4286890
TARIFS 90€/demi-journée

Cette association culturelle donne des informations et organise des tours personnalisés dans la Vallée Grana, la patrie du célèbre fromage piémontais « castelmagno ». Les parcours proposent plusieurs étapes gourmandes et culturelles. Vous pourrez visiter des fermes bio, des coopératives de fromage, mais aussi des bourgs riches d'histoire et de traditions et une ancienne soierie parfaitement reconstituée. Un déjeuner pourra être inclus dans l'offre.

C'est gratuit

€€€
Moulin
Visite
Céréales

ADRESSE Via Molino 8, Dronero
CONTACT mulinodellariviera.com
0171 902186

13 IL MULINO DELLA RIVIERA

Les origines du pain

Dans ce moulin du 15ème siècle, la farine est produite comme autrefois. L'eau du canal actionne les roues, qui font à leur tour tourner les moules en pierre. Plusieurs céréales sont utilisées, dont beaucoup d'anciennes variétés réhabilitées par l'association Slow Food, malgré leur rendement assez faible. Les graines sont sélectionnées et nettoyées à la main et le germe est aussi broyé afin d'obtenir des farines plus riches. Des visites guidées gratuites sont organisées le samedi matin.

POUR L'ENVIRONNEMENT
Récupération des matériaux originaux lors des travaux de rénovation. Variétés de céréales locales.

POUR LES EFFORTS SOCIAUX ET CULTURELS
Soutien de petits cultivateurs locaux. Collaboration avec l'association Slow Food. Expositions de photographies.

Shopping bon pour la planète

€€€
Charcuterie
Tradition
Gourmet

ADRESSE Via Garibaldi 15, Dronero
CONTACT 339 8856366

14 SALUMERIA SIMONDI

chARTcuterie

Les charcuteries de cette production artisanale ne connaissent pas de compromis. La viande provient exclusivement d'élevages locaux. Tout est fait dans les règles de l'art, dans les temps qu'il faut et avec des ingrédients 100% naturels. Ici, on masse les jambons dans le sel et on les sèche à l'air, tout simplement. Dès que vous rentrez dans la boutique, les 50 ans d'expérience ne comptent plus, ce sera le parfum qui parlera à vos sens. Une adresse pour fins gourmets !

Les Dolomites trentines

Porte d'entrée des Dolomites, le Val di Fiemme est surtout réputé pour l'excellent état de ses forêts. Le bois est utilisé pour se chauffer et pour construire des maisons, des meubles ou des instruments de musique. Tout est durable ici : vous pouvez vous déplacer à pied, à vélo, en bus électrique et même en carrosse. Paradis du ski de fond, la région est aussi très appréciée pour sa cuisine savoureuse. Polenta, « canederli » et gibier sont toujours au rendez-vous, alors que les confitures et les miels de montagne parfument les tartes et les fromages.

Le village de Cavalese

Des vaches d'alpage

€€€
Agrotourisme
Montagne
Urbine

ADRESSE Via Gastaldo 16, Cavalese
CONTACT agriturpianrestel.com
0462 340960
TARIFS 80€/2pers

15 AGRITUR PIANRESTEL
Rustique et soigné

Dans cet « agriturismo », certifié « ClimaHotel », la lumière inonde les espaces et les montagnes sont toujours à portée de vue. Les chambres en bois parfumé du Val di Fiemme sont gérées par une carte magnétique, qui éteint automatiquement les lumières et le chauffage lorsque vous partez. Un spa très accueillant invite à la relaxation, grâce, entre autres, à un biosauna au foin et à des transats à l'eau. Le yaourt et les fromages sont ceux de l'exploitation. Même chose pour les légumes, les fruits et les confitures.

POUR L'ENVIRONNEMENT
Triples vitrages. Chaudière à granulés. Eclairage temporisé dans les couloirs. Isolation du toit à la laine de bois.

POUR LES EFFORTS SOCIAUX ET CULTURELS
L'établissement adhère au projet « FiemmE-motion Card » (services en tout genre et réductions pour les touristes) et fait partie du label local « Tradizione e Gusto ».

En route !

€€€
Hôtel
Design
Bien-être

ADRESSE Via delle Cesure 1, Cavalese
CONTACT ecoparkhotelazalea.it
0462 340109
TARIFS 70€/2pers

16 PARK HOTEL AZALEA
Hôtel éco-design

Ecolabellisé depuis 2008, cet établissement design a été réalisé en partie selon les principes de l'éco-construction. Les chambres sont calmes et confortables et offrent une belle vue sur les montagnes. L'énergie est 100% renouvelable et provient d'une centrale hydroélectrique de Trente. Les flacons en plastique sont remplacés par des doseurs de savon bio et dans le sauna, une machine permet de récupérer la chaleur. La cuisine se base à 90% sur des produits bio ou locaux, dont très peu de viande et presque pas de poisson, hormis la truite bio de Predazzo. Sur demande, des menus végétaliens et crudistes sont possibles.

POUR L'ENVIRONNEMENT
Teintures à l'eau. Chauffage par biomasse. Triples et quadruples vitrages. Isolation en fibre de bois. Récupération des eaux de pluie.

POUR LES EFFORTS SOCIAUX ET CULTURELS
Organisation de cours de yoga en été. Enfants bienvenus (salle de jeux, activités, dîner spécial).

La chambre Giacinto au Park Hotel Azalea

€€€
Suites
Piscine
Charme

ADRESSE Via Nazionale 57, Panchià
CONTACT castelir.it 0462 810001
TARIFS 200€/2pers

17 CASTELIR SUITE HOTEL
Eco-construction de luxe

Premier hôtel de la province de Trente réalisé entièrement en bois écologique (même l'ascenseur !), cet établissement a obtenu l'Ecolabel Européen. Sept suites au décor raffiné et un spa donnent accès au jardin et à la piscine extérieure chauffée, ouverte même en hiver. Les petits-déjeuners sont à base de produits locaux ou faits maison. Bois et lumière confèrent au lieu une agréable sensation de bien-être, redoublée par l'accueil chaleureux de Graziella et Rolando, qui seront ravis de partager avec vous leur rêve d'une vie.

POUR L'ENVIRONNEMENT
Projet pilote de la province de Trente. Briques bio. Pas de vernis chimiques. Eclairage et douches temporisés. Panneaux solaires et photovoltaïques.

POUR LES EFFORTS SOCIAUX ET CULTURELS
Salle de lecture avec vue panoramique sur les montagnes. Beaux objets d'artisanat.

La Junior Suite Pruno au Castelir Suite Hotel

Restaurants

€€€
Panorama
Gibier
Polenta

ADRESSE Télésiège Gardonè-Passo Feudo, Predazzo
CONTACT 347 9919582

18 BAITA PASSO FEUDO
Restaurant avec vue

A 2 200 mètres d'altitude, dans ce refuge vous savourerez des plats typiques de la montagne, entourés d'un cadre absolument fabuleux. Si vous aimez la polenta et le gibier, ce restaurant ne doit pas vous échapper. Même chose pour les amateurs de gâteaux, tous rigoureusement faits maison. Deux remontées mécaniques y mènent depuis Predazzo, à travers une forêt de sapins à perte de vue. A mi-chemin, vos enfants pourront explorer la « montagne animée » pendant que vous pourrez tester le traîneau à rail.

€€€
Pâtisserie
Strudel
Centre-ville

ADRESSE Piazza Scopoli 12, Cavalese
CONTACT cosebuoneda-paolo.it
0462 340266

19 COSE BUONE DA PAOLO
Faites-vous plaisir !

Cette pâtisserie artisanale livre depuis 1969 le meilleur strudel de la vallée. Plusieurs prix attestent de cette excellence. La recette : des ingrédients de qualité, comme les pommes, bien sûr, ou encore les myrtilles et la bière artisanale du Val di Fiemme. Tous les gâteaux sont faits à la main et vous trouverez également un petit choix salé, avec notamment la version salée du strudel. Un coin boutique vous offrira un aperçu de la gastronomie de la région avec plusieurs types de farines de polenta, des biscuits et des jus naturels.

Le strudel du Val di Fiemme

Le fritto misto chez L'Acquarol

€€€
Restaurant
Terroir
Qualité

ADRESSE Via Nazionale 42, Panchià
CONTACT osteriadelacquarol.it
349 5342065

20 OSTERIA DE L'ACQUAROL
Un petit bijou

Dans ce petit restaurant familial, Perla et Alessandro vous accueillent avec courtoisie. La cuisine décline les produits du terroir de façon créative et raffinée et les plats régaleront autant votre goût que votre vue. Le menu suit les saisons et les ingrédients proviennent majoritairement de producteurs locaux, lorsqu'ils ne sont pas autoproduits. C'est notamment le cas du speck, des confitures, des conserves de légumes et des moutardes. On note également quelques idées sympathiques, comme les verres créés à partir de fonds de bouteilles.

€€€
Raffiné
Historique
Décor

ADRESSE Via Baldieroni 2, Cavalese
CONTACT hotellastua.com
0462 340235

21 LA STÜA
Un dîner aux chandelles

Dans cette auberge historique, la salle principale est complètement recouverte de bois, à la manière du Val di Fiemme. La tradition s'exprime également dans la cuisine, qui s'inspire largement de la gastronomie trentine avec des viandes de gibier et les célèbres « canederli ». Le menu propose un vaste choix de premiers plats végétariens et indique clairement la présence de produits laitiers, d'œufs et de gluten pour les intolérances et autres régimes alimentaires particuliers. Le chauffage est alimenté au bois.

Le restaurant A la Cort

€€€
Restaurant
Romantique
Gastronomie

ADRESSE Via Venezia 10a, Predazzo
CONTACT alacort.com 324 8099630

22 A LA CORT
Plats et vins sublimes

Ce petit restaurant géré par un jeune couple fort sympathique reflète parfaitement la qualité gastronomique de la vallée. Vous pourrez déguster des mets exquis, composés à partir de produits simples, mais élaborés avec talent. Ainsi, la viande de cerf est servie avec des amandes et une poire devient une sorte de sculpture en dessert. Les vins, tout aussi délicieux, sont parfaitement adaptés aux plats. Une cuisine pas banale dans un cadre romantique et raffiné !

Activités

€€€
Palais
Visite
Forêts

ADRESSE Piazza C. Battisti 2, Cavalese
CONTACT palazzomagnifica.eu 0462 340812
TARIFS 4€

23 PALAZZO DELLA MAGNIFICA COMUNITÀ DI FIEMME
Une histoire millénaire

Ce palais de style Renaissance raconte l'histoire du Val di Fiemme et tout particulièrement de son institution millénaire, la « Magnifica Comunità ». Depuis 1111, celle-ci administre les forêts de la communauté et, grâce aux profits de la scierie, finance des œuvres d'intérêt public. Vous pourrez admirer les fresques de la façade et la grande salle des audiences où se réunissent encore aujourd'hui les représentants de cette institution archaïque. Plusieurs visites gratuites sont organisées tous les jours.

Un atelier de luthier

€€€
Carte
Visites
Réductions

ADRESSE Via F.lli Bronzetti 60, Cavalese
CONTACT visitfiemme.it/it/active-relax/neve/fiemmemotion-winter-card
0462 241111
TARIFS 1€/jour/pers

24 FIEMME-MOTION CARD
Bougez-vous !

En achetant cette carte, disponible en version hiver et été, vous aurez accès à des services de mobilité gratuits ainsi qu'à un tas d'activités à prix réduits : des cours de ski de fond, des randonnées à pied, des dégustations de vins et des visites d'un atelier de fabrication de caisses de résonance d'instruments à corde. Des bons d'achat dans des magasins sont aussi inclus dans l'offre. Cette carte a un but très noble, en effet les profits sont réinvestis dans la mobilité alternative.

C'est gratuit

€€€
Vélo
Randonnée
Nature

ADRESSE Via F.lli Bronzetti 60, Cavalese
CONTACT visitfiemme.it/it/active-relax/bike-co/piste-ciclabili
0462 341419

25 CICLABILE DELLE DOLOMITI
À vélo sur les Dolomites !

Avec cette piste cyclable longue de 48 km, vous pourrez rayonner à loisir dans les basses vallées de Fiemme et Fassa, tout en admirant la nature enchanteresse et les jolis villages des Dolomites, de Molina di Fiemme à Canazei. La piste présente un dénivelé de 600 mètres et un bus permet de transporter les vélos à prix réduit grâce à la « FiemmE-motion Card ». En hiver, la piste devient le théâtre de la célèbre manifestation de ski de fond « Marcialonga », qui se tient chaque année au mois de janvier.

Shopping bon pour la planète ....

€€€
Grappa
Herbes
Qualité

ADRESSE Via Costa 32, Panchià
CONTACT grappalones.it
342 0280053

26 L'ONES
aGRAPPEz-vous !

Cette entreprise artisanale dont l'activité consiste à aromatiser la grappa (eau-de-vie) appartient bien au Val di Fiemme. Les fruits, les racines et les résines utilisés pour l'aromatisation proviennent tous des forêts de la région et Massimo doit demander la permission à la « Magnifica Comunità » (cf. adresse 23) pour les récolter manuellement. Les grappas sont d'origine trentine aussi et ne sont pas mélangées avec de l'alcool. Sur demande, vous pourrez visiter le laboratoire et déguster gratuitement toute la gamme, de la plus délicate à la plus forte. Une symphonie d'arômes est assurée !

€€€
Apiculture
Dégustations
Fascinant

ADRESSE Via Stazione 4/a, Castello Molina di Fiemme
CONTACT shop.idolcisa-poridelbosco.it
329 0807952

27 I DOLCI SAPORI DEL BOSCO
Le monde des abeilles

Viviana a tout quitté pour se consacrer à sa passion d'enfant, les abeilles. Elle a appris l'apiculture en Pologne et s'est ensuite mise à produire du miel, avec une mission : sauver l'abeille du Trentin. Les miels de Viviana ont le parfum du bois, du sapin, du châtaignier ou des fruits rouges. Ses douceurs aux noisettes ou aux amandes sont tout aussi excellentes. Le laboratoire, qui se trouve juste à côté de la petite boutique, vous permettra de voir Viviana à l'œuvre tous les vendredis matin, de juin à septembre.

POUR L'ENVIRONNEMENT
Collaboration avec l'« Institut Agrario » de San Michele all'Adige (Trentin) pour l'élevage de l'écotype « abeille trentine ».

POUR LES EFFORTS SOCIAUX ET CULTURELS
Explications, démonstrations et dégustations tous les vendredis matin de juin à septembre. Formations régulières à l'apiculture.

€€€
Charcuterie
Qualité
Savoir-faire

ADRESSE Piazza Mercato 1, Varena
CONTACT dagostin.it 0462 340422

28 DAGOSTIN
Le roi de la charcuterie

La charcuterie, chez Giuseppe Dagostin, c'est une tradition familiale. Les viandes proviennent d'animaux élevés à l'air libre au Trentin. Elles sont ensuite transformées avec savoir-faire et sens des responsabilités. Le speck et la « carne salada », sorte de carpaccio de bœuf, ont le parfum du genièvre et le fumage se fait uniquement au bois de hêtre certifié. Giuseppe sera ravi de vous montrer tout le processus, du désossement à l'emballage, en passant par la salaison et le séchage. Pour les visites gratuites du laboratoire, appelez le 347 5990322.

€€€
Fromage
Dégustation
Visite

ADRESSE Via Fiamme Gialle 48, Predazzo
CONTACT puzzonedi-moena.com 0462 501287

29 CASEIFICIO SOCIALE DI PREDAZZO E MOENA
Fromage AOP !

Les treize fermiers associés de cette coopérative apportent le lait de leurs vaches autochtones pour produire un fromage AOP au goût prononcé, le « puzzone di Moena ». La version d'alpage est labellisée Slow Food. Une visite guidée gratuite est proposée le matin. Vous verrez alors que le lait est travaillé cru afin de garder la qualité, et que la pâte est d'abord déposée dans du lin et ensuite dans des moules en bois de la vallée. Enfin, vous pourrez déguster le fromage et même vous laisser tenter par les confitures et miels locaux présentés dans la boutique.

Du fromage et du miel

La Carnia

Comprise entre l'Autriche et la Slovénie, la Carnia (Cjargnie dans le dialecte local) a toujours été une terre de frontières. Son économie se base essentiellement sur l'agriculture et le commerce du bois. La région fait partie des plus vertes de l'Italie et ses montagnes rappellent la Grande Guerre et les étapes mythiques du Giro d'Italia. Les confitures et le miel côtoient le jambon et les fromages d'alpage, sans oublier les spécialités locales comme le « frico » ou les « cjarsons ».

La fête de la récolte du foin

L'albergo diffuso Borgo Soandri

€€€
Palais
Historique
Cuisine

ADRESSE Frazione Pesariis 96, Prato Carnico
CONTACT sotlanapa.it 0433 695103
TARIFS 67€/2pers

30 AGRITURISMO SOT LA NAPA
Charme d'autrefois

Dans cet « agriturismo », vous logerez dans un palais du 15ème siècle qui garde intact son charme d'antan : portes et armoires en bois, sols en pierres et couvertures brodées à la main. Au petit-déjeuner, vous pourrez déguster les jus et le yaourt de la maison. Le restaurant, référencé dans le guide Slow Food « Osterie d'Italia », propose une cuisine traditionnelle qui utilise les légumes et les fruits bio ainsi que les viandes de l'exploitation. Parmi les spécialités : la « jota pesarina » et les « cjarsons », sortes de raviolis farcis à la ricotta et au chocolat, comme on le fait dans la vallée.

POUR L'ENVIRONNEMENT
Exploitation agricole bio. Meubles en bois local. Poêle à bois utilisé pour faire la cuisine.

POUR LES EFFORTS SOCIAUX ET CULTURELS
Ascenseur pour les personnes handicapées. Plusieurs activités : visite du village de Pesariis et découverte de l'agriculture en montagne.

Les cjarsons

€€€
Hôtel
Montagne
Panorama

ADRESSE Via Valcalda 13, Ravascletto
CONTACT pacealpina.it
0433 66018
TARIFS 70€/2pers

31 PACE ALPINA
Vivre la montagne

Ecolabellisé depuis 2004, cet hôtel existe depuis les années 50. Les chambres, décorées de façon simple, sont calmes et propres. Stefano, le propriétaire, est guide alpin et auteur de plusieurs livres sur les montagnes de la région. Des remontées mécaniques mènent au célèbre Mont Zoncolan, bien connu des cyclistes du Giro et une promenade d'1h30 vous offrira un panorama époustouflant sur les sommets environnants. Une cuisine typique et savoureuse récompensera vos efforts, y compris la grappa maison. Fruits frais, yaourt local, confitures et miel vous donneront envie de vous lever le matin. Chauffage et eau chaude sont alimentés au bois.

€€€
Design
Confort
Village

ADRESSE Via R. Linussio 1, Sutrio
CONTACT albergodiffuso.org
0433 778921
TARIFS 70€/2pers

32 BORGO SOANDRI
Village-hôtel

Dans cet « albergo diffuso », vous vivrez en symbiose avec la communauté locale. Spacieux et au design minimal chic, les appartements font l'éloge du bois et sont dotés d'une carte magnétique pour éviter les gaspillages énergétiques. A proximité, vous pourrez découvrir les lieux de la Grande Guerre et participer au tour des alpages organisé par l'établissement. Une série d'événements ponctue le calendrier du village, dont la fête « Magia del legno » qui rend hommage à l'artisanat du bois, très présent dans la vallée.

POUR L'ENVIRONNEMENT
Maisons rénovées en utilisant des matériaux naturels. Meubles obtenus par des morceaux de bois brut. Au petit-déjeuner : confitures et miel locaux et biscuits sans conservateurs.

POUR LES EFFORTS SOCIAUX ET CULTURELS
Les maisons louées sont gérées par un collectif de propriétaires et d'acteurs touristiques du village, avec le soutien de la région.

Un paysage près de Sauris

€€€
Village-hôtel
Dormir
Bois

ADRESSE Via Sauris di Sopra 7, Sauris
CONTACT albergodiffusosauris.com
0433 86221
TARIFS 110€/2pers

33 ALBERGO DIFFUSO SAURIS
Bercés par le silence

Dans le joli village de Sauris di Sopra, à 1 400 mètres, cet « albergo diffuso » offre des appartements indépendants, dans le pur style montagnard. Le bois, omniprésent à l'intérieur de la structure, contribue à donner une ambiance chaleureuse au lieu. Il est également utilisé pour décorer les façades des maisons en attendant d'être brûlé. Le kit de courtoisie comprend des savons naturels et le petit-déjeuner vous délectera avec l'excellent miel local. N'oubliez pas de faire un tour dans l'épicerie du village, vous y trouverez des livres très intéressants sur l'histoire du lieu ainsi que de nombreux objets décoratifs en bois.

Restaurants

€€€
Restaurant
Chaleureux
Charcuterie

ADRESSE Sauris di Sopra 38, Sauris
CONTACT albergoneidersauris.it
0433 86098

34 NEIDER
Bontés montagnardes

La qualité de ce restaurant s'exprime à tous les niveaux. La décoration est très soignée et fait l'éloge de l'artisanat local (montres, objets en bois, chaudières en cuivre), l'accueil est chaleureux et attentionné et la cuisine un vrai délice. La charcuterie, dont le célèbre jambon de Sauris, côtoie les fromages d'alpage ou fumés. Les vins sont tous de la région et l'eau de source est filtrée. Un petit salon et un coin avec des livres et des jeux de société rendent l'ambiance encore plus familiale.

€€€
Raviolis
Expo Milan
Tradition

ADRESSE Via 1 Maggio 5, Sutrio
CONTACT osteriadaalvise.it
0433 778692

35 OSTERIA DA ALVISE
Les champions des raviolis

Dans ce restaurant familial, tout respire la tradition. La cuisine est typique de la Carnia et les plats, tous faits maison, suivent les saisons. Ainsi, vous trouverez du gibier en hiver, des champignons en automne et des herbes au printemps. Le potager offre en abondance menthe, mélisse et persil pour les « cjarsons », la spécialité de la maison, qui a valu au restaurant l'honneur de représenter l'Italie au pavillon Eataly de l'Expo de Milan. Dans une des salles, une table en bois fort ingénieuse a été conçue par un architecte local.

Activités

€€€
Dégustation
Passion
Dolomites

ADRESSE Via Nazionale 14, Forni di Sopra
CONTACT birrificiofogliederba.it
347 3555197
TARIFS 8€/pers

36 BIRRIFICIO FOGLIE D'ERBA
Bières singulières

La passion de Gino pour la bière l'a amené à créer sa propre marque en 2008. Depuis, il collectionne les prix. Parmi ses secrets, la qualité des ingrédients, en bonne partie repérés localement, au pied des Dolomites (eau, houblon, résine de pin de montagne). Sur les 900 brasseries artisanales italiennes, celle de Gino est la seule du Frioul-Vénétie Julienne à avoir obtenu l'escargot sur le guide Slow Food « Birre d'Italia ». Des visites du laboratoire et des dégustations sont organisées sur réservation.

De la polenta et de la charcuterie

€€€
Musée
Culture
Tradition

ADRESSE Via della Vittoria 2, Tolmezzo
CONTACT museocarnico.it
0433 43233
TARIFS 5€/pers

37 MUSEO CARNICO
Culture alpine

Ce musée vous offre un panorama complet des traditions de la Carnia. A travers une reconstitution fidèle de la maison typique, vous pourrez admirer les meubles en bois sculpté et le linge brodé à la main. Les fêtes, les métiers, la musique et les techniques de construction des maisons sont tous répertoriés. Vous apprendrez alors pourquoi certaines tuiles sont émaillées en vert et qui étaient les « crâmars ». Une très belle immersion dans une culture riche que peu de gens connaissent.

€€€
Sport
Nature
Gastronomie

ADRESSE Via Tintai 53, Forni di Sopra
CONTACT ecomotion.it
380 7482074
TARIFS 30€/pers

38 ECOMOTION
La montagne à vélo

Au cœur des Dolomites du Frioul, Christine et Paolo organisent des randonnées à pied et en vélo électrique à la découverte de la nature intacte de la Carnia. Plusieurs itinéraires sont proposés dont le tour des alpages, qui prévoit des visites et des dégustations de fromages chez un berger de montagne. Vous pourrez recharger vos vélos à Forni di Sopra et ensuite récompenser vos efforts avec un repas typique à base de « polenta e frico », la spécialité locale. Sorties d'une demi-journée ou d'une journée entière.

POUR L'ENVIRONNEMENT
Les batteries des vélos se rechargent à l'énergie photovoltaïque.

POUR LES EFFORTS SOCIAUX ET CULTURELS
Transmission des traditions de la montagne.

Des fromages d'alpage

€€€
Musée
Horloges
Surprenant

ADRESSE Frazione Pesariis, Prato

39 PESARIIS
Le village du temps

Un musée en plein air rend hommage à la production horlogère de ce charmant village. En vous promenant à travers ses rues et ses cours, vous découvrirez ses 15 horloges monumentales, toutes plus originales les unes que les autres. Chef-d'œuvre d'ingénierie, elles ont été réalisées par des manufactures locales. L'une d'elles a été construite d'après un dessin de Léonard de Vinci. Avec une toute petite contribution, vous pourrez admirer les 100 horloges de la société Solari hébergées dans le musée et faire un tour guidé du village.

La vallée de Pesariis

€€€
Musée
Bois
Oiseaux

ADRESSE Località Applis 2c, Ovaro
CONTACT hotelapliso-varo.it
0433 619008

40 COMPLESSO TURISTICO-AMBIENTALE APLIS
Histoires d'arbres et d'oiseaux

Dans ce complexe touristique, créé à partir d'une scierie du 14ème siècle qui a servi entre autres à la construction des palafittes de Venise, vous pourrez visiter le musée du bois et le musée ornithologique. La scierie est l'une des plus anciennes de l'arc alpin. Elle garde intact le charme d'antan et comprend aussi une xylothèque, qui reproduit le son des différents types de bois quand ils sont percutés. Le complexe est alimenté par une centrale à biomasse et appartient à une entité publique, « Consorzio Boschi Carnici », qui regroupe 17 communes.

Shopping bon pour la planète ....

€€€
Miel
Confitures
Jus

ADRESSE Via Carducci 14, Tolmezzo
CONTACT l-eco-tol-mezzo.com
0433 43946

41 L'ECO SHOP
Le meilleur du terroir

Dans ce magasin, vous trouverez le meilleur de la Carnia en matière de production alimentaire. Miels balsamiques, confitures à la rhubarbe et tisanes au sambucus côtoient les biscuits à la mélisse et les jus de myrtilles. Une petite gamme de cosmétiques naturels est aussi présente. La propriétaire sera ravie de vous expliquer les propriétés bénéfiques des différentes plantes ou de vous renseigner sur un produit ou un producteur en particulier.

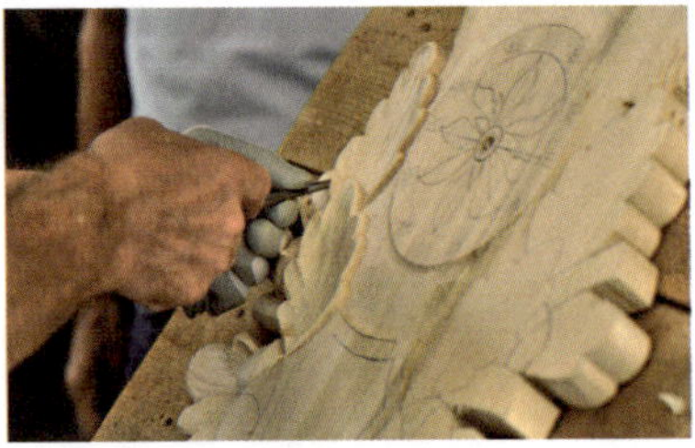

Artisanat du bois

€€€
Miel
Bougies
Qualité

ADRESSE Via Museis 5/7, Cercivento
CONTACT boscodi-museis.it
0433 778822

42 AGRITURISMO BOSCO DI MUSEIS
Le miel dans toutes ses formes

Dans cet « agriturismo », vous trouverez une petite boutique où vous pourrez acheter du miel, du pollen, de la gelée royale, de la propolis ainsi que des grappas, des jus et des cosmétiques naturels. Les bougies en cire d'abeille sont une merveille. L'apiculture est chez Renato une tradition familiale et des visites au laboratoire sont organisées sur demande. La qualité de l'environnement et l'amour que Renato met dans son travail donnent une vraie valeur ajoutée à ses produits.

POUR L'ENVIRONNEMENT
Autoproduction ou approvisionnement auprès de producteurs locaux. Réduction maximale des déchets. 100% d'énergies renouvelables (biomasse, solaire, éolienne).

POUR LES EFFORTS SOCIAUX ET CULTURELS
Ferme didactique. Echange d'hospitalité contre travail. Communauté d'accueil de mineurs à problèmes.

Découvrez la culture locale

- √ *Apprenez quelques mots d'occitan*
- √ *Savourez les secrets du speck*
- √ *Découvrez quel bois utilisait Stradivari*
- √ *Faites un sauna au foin*
- √ *Visitez la montagne mythique du Giro d'Italia*

LE CŒUR DU NORD

Villes incontournables du Nord de l'Italie, Turin, Milan et Bologne sont bien desservies par l'Alta Velocità, l'équivalent du TGV en France, ainsi que par la compagnie privée Italo ou le réseau ferroviaire international Thello. Proches géographiquement, elles le sont moins du point de vue historique, ce qui fait tout leur charme et leur richesse. Le climat et le paysage y sont aussi très différents : si les Alpes dominent Turin, les contours ondulés de Bologne annoncent déjà les collines toscanes. La gastronomie combine volontiers tradition et expérimentation et les nombreuses spécialités locales côtoient des créations plus originales. La vie culturelle y est très intense et son dynamisme constitue un atout décisif de ces trois villes capitales.

Les 5 meilleures adresses du coeur du Nord

- ✓ *Retrouvez une ambiance conviviale au Tomato*
- ✓ *Dégustez des plats surprenants au Soul Kitchen*
- ✓ *Contemplez l'architecture au Hangar Bicocca*
- ✓ *Reposez votre esprit au Luna Blanca*
- ✓ *Sirotez un jus de carotte chez Estravagario*

L'entrée de l'Ostello Bello

Un détail du restaurant Soul Kitchen

Une ambiance festive à Bologne

Turin

Chef-lieu du Piémont, Turin l'élégante est une ville profondément liée à la France, tout en restant foncièrement italienne. Ses richesses sont multiples : art, histoire, culture, gastronomie. Ses boulevards encouragent la promenade, à pied ou à vélo, ses palais invitent à pousser leurs portes, ses quartiers révèlent une âme multiethnique ou fêtarde, enfin, ses parcs offrent détente et divertissement. Austère et attachante à la fois, Turin est surtout une ville en mutation permanente. Suivez le rythme !

Hébergements

€€€
Auberge
Biologique
Accessible

ADRESSE Corso Palermo 90d, Torino
CONTACT bambooeco-hostel.it
011 235084
TARIFS 60€/2pers

01 BAMBOO ECO HOSTEL
Accessible et coloré

Bien desservie en transports en commun pour rejoindre le centre-ville, cette auberge vous accueille dans une atmosphère amicale et colorée. Les chambres sont décorées par des artistes et l'une d'entre elles est accessible aux personnes handicapées. Les petits-déjeuners sont biologiques et un bar avec thé et café à volonté ainsi qu'une cuisine équipée vous feront vous sentir comme à la maison. Parmi les autres avantages : une consigne bagages gratuite ainsi qu'un PC en libre service avec connexion wifi. Le quartier offre un parcours de street art.

Un détail du Bamboo Eco Hostel

€€€
Hôtel
Convivialité
Ecologique

ADRESSE Via S. Pellico 11, Torino
CONTACT tomato.to.it 011 0209400
TARIFS 55€/2pers

02 TOMATO
Cosy et friendly

Cet hôtel se caractérise par un esprit jeune et décontracté et plein d'attentions écologiques qui lui ont valu l'Ecolabel Européen. Les chambres sont fonctionnelles et la décoration fraîche et originale. La maison propose entre autres des vélos en location, une machine à laver avec sèche-linge et une cuisine partagée. Tommaso et ses collaborateurs sont charmants, disponibles et d'excellent conseil. Tout est pensé pour faciliter votre séjour : liste des endroits à visiter, sélection de restaurants, événements du jour, et même un point météo ! Un endroit où l'on se sent bien !

POUR L'ENVIRONNEMENT
Le plastique est banni. L'eau est filtrée. Les déchets sont triés.

POUR LES EFFORTS SOCIAUX ET CULTURELS
Collaboration avec des associations culturelles. Projets divers : radio, coworking, festivals.

L'accueil du Tomato

€€€
Appartement Moderne Multiethnique

ADRESSE Via C. Priocca 3, Torino
CONTACT luoghicomuni.org
011 0881180
TARIFS 60€/2pers

03 LUOGHI COMUNI
Tentez le co-housing !

Fruit d'un projet de requalification urbaine, cet immeuble de co-housing propose deux appartements modernes et confortables. Les panneaux photovoltaïques permettent une certaine autonomie en énergie, alors que le plancher chauffant favorise les économies. L'isolation thermique et sonore est assurée par la présence de triples vitrages. Cet immeuble vous offre la possibilité de vivre au contact de la population locale dans le quartier multiethnique de Porta Palazzo.

POUR L'ENVIRONNEMENT
Un dispositif électronique règle le fonctionnement de la lumière. Diagnostic de performance énergétique classe B.

POUR LES EFFORTS SOCIAUX ET CULTURELS
Contact et interaction sociale avec les autres résidents. Echanges culturels grâce aux nombreux événements organisés.

Un salon et coin cuisine de la Résidence Santa Giulia

€€€
Appartement
Charme
Confort

ADRESSE Via S. Giulia 41, Torino
CONTACT residence-torino.com
011 4367000
TARIFS 150€/2pers

04 RESIDENCE SANTA GIULIA
Le luxe d'habiter à Turin

Rénovée avec soin, cette résidence vous accueille dans des appartements indépendants avec des prestations d'hôtel de charme. Les chambres sont spacieuses et confortables. Certaines d'entre elles offrent une vue magnifique sur les toits de Turin. On peut noter quelques attentions durables : le plancher chauffant permet de réduire la consommation d'énergie, les intolérances alimentaires sont prises en compte au petit-déjeuner et le kit de courtoisie est 100% naturel. Sans oublier les dégustations de vins piémontais, tous de haute qualité. Sur le plan culturel, des soirées thématiques sont organisées au bénéfice d'associations caritatives.

Restaurants

€€€
Café
Décontracté
Original

ADRESSE Via S. Pellico 18, Torino
CONTACT 011 19781481

05 TEAPOT
Pause décontractée

Ce café-restaurant offre un vaste choix de thés et de tisanes ainsi que des boissons chaudes originales, comme le cappuccino de riz ou d'avoine. Le menu, riche et varié, se base sur des produits de saison et propose des plats végétariens. Les pains maison mélangent le seigle, l'épeautre et le kamut, même ceux utilisés pour les croque-monsieur. La décoration fait l'éloge de la récupération et des couvertures sont proposées pour se chauffer en terrasse. Le quartier de San Salvario, jeune et animé, contribue à la bonne ambiance du lieu.

POUR L'ENVIRONNEMENT
Utilisation de produits locaux. Tri très attentif des déchets. Remplacement du plastique par le « Mater-Bi ».

POUR LES EFFORTS SOCIAUX ET CULTURELS
Partage des tables encouragé. Exposition et vente d'objets de créateurs locaux.

€€€
Fast food
Piémontais
Qualité

ADRESSE Via Rattazzi 4, Torino
CONTACT mbun.it
011 19704606

06 M**BUN
Slow fast food

Ce fast food de produits du terroir piémontais vous surprendra dans sa démarche. Vous y trouverez la « molecola », version turinoise du coca en référence à la « Mole Antonelliana », l'«agro hamburger», un choix de produits labellisés Slow Food et des emballages écologiques. Les viandes proviennent d'élevages de la région, dont celui des propriétaires, et les pains, les pâtisseries et les bières sont produits par des sociétés locales. Quant aux frites, hors de question qu'elles soient surgelées ! La démarche écologique se traduit également en dehors de l'assiette.

POUR L'ENVIRONNEMENT
Matériaux biodégradables. Energie produite à 100% par des sources renouvelables. Production minimale de déchets.

POUR LES EFFORTS SOCIAUX ET CULTURELS
Soutien financier à une organisation à but non lucratif qui s'occupe d'enfants. Espaces de recréation pour enfants.

Le fleuve Po et le Parco dei Cappuccini

€€€
Restaurant
Végétarien
Local

ADRESSE Via Belfiore 15, Torino
CONTACT ristorantevegetariano.net
011 0602683

07 BELFOOD
Mélangez les saveurs !

Avec son décor frais et coloré, ce restaurant propose une cuisine créative et variée. Les plats, disponibles en version buffet ou ardoise, changent au fil des saisons. Les végétaliens, allergiques au gluten ou végétariens trouveront leur bonheur ici. Les viandes, dont le célèbre bœuf piémontais « fassone », sont certifiées et peuvent être accompagnées de bières artisanales, avec ou sans gluten. Le respect de la tradition va jusqu'au café, préparé dans une énorme cafetière moka. Le tout peut être emporté dans des emballages biodégradables.

POUR L'ENVIRONNEMENT
Pas de plastique et économie maximale d'emballages. Papier recyclé. Lumières automatiques dans les toilettes.

POUR LES EFFORTS SOCIAUX ET CULTURELS
Coin pour les enfants. Expositions d'objets d'art et de mode disponibles à la vente.

€€€
Restaurant
Végétalien
Délicieux

ADRESSE Via Santa Giulia 2, Torino
CONTACT thesoulkitchen.it
011 884700

08 SOUL KITCHEN
Paradis végétalien

Que vous soyez végétarien, végétalien, crudiste ou allergique au gluten, vous trouverez des plats fins et bien présentés dans ce restaurant. Les recettes sont savoureuses et originales, tout en étant légères. Les bières artisanales côtoient les smoothies et les légumes centrifugés. La carte des vins privilégie le bio et le terroir piémontais. Enfin, les meubles sont de récupération, conférant au lieu un délicieux air rétro. Si vous êtes du côté de Porta Palazzo, ce restaurant vaut le détour.

POUR L'ENVIRONNEMENT
Vente de produits bio (graines, baies, protéines de chanvre, etc.). Smoothies à la spiruline. Eau de noix de coco bio.

€€€
Promenade
Echange
Partage

ADRESSE Piazza della Repubblica 14, Torino
CONTACT viaggisolidali.it
011 4379468

09 MIGRANTOUR TORINO
Vive la multiculturalité !

Dans le quartier multiculturel de Porta Palazzo, vous vous promènerez avec un guide d'origine étrangère, qui vous racontera l'histoire des différentes communautés de la ville. En zigzaguant entre les étalages du marché alimentaire, vous apprendrez que les Roumains ont le quasi monopole des boucheries et vous pourrez goûter à leurs différentes spécialités comme la « zacusca » ou le halva (à base de tournesol et non pas de sésame). Vous découvrirez aussi plein d'autres anecdotes sur les Chinois ou les Péruviens. D'autres itinéraires sont possibles, à découvrir sur le site Internet de la coopérative, qui fait partie du réseau européen Migrantour.

€€€
Musée
Art
Environnement

ADRESSE Via G. Bruno 31, Torino
CONTACT parcoartevivente.it
011 3182235

10 PAV
Biodiversité culturelle

Dans cette ancienne usine, l'art contemporain rencontre l'environnement. Des artistes jardiniers y ont installé des œuvres de land art ou des jardins autogérés. Le musée est le fruit d'un projet de requalification urbaine et l'interaction entre l'art et la nature est à la base de la philosophie du lieu. Parmi les différents projets : la défense de l'agriculture urbaine et de la biodiversité. Des expositions temporaires s'y tiennent périodiquement.

Le jardin Mandala au PAV

11 CIOCCOLATOUR
Gourmandises urbaines

€€€
Promenade
Chocolat
Dégustation

CONTACT passeggiate-torino.com
345 3877167

Une promenade à travers la ville vous fera découvrir à la fois son histoire et ses spécialités gastronomiques. Vous rencontrerez trois artisans du chocolat et dégusterez leurs spécialités, dont les célèbres « gianduiotto » et « pinguino » (glace vanille recouverte de chocolat). Les matières premières sont 100% naturelles et l'approvisionnement en fèves de cacao se fait uniquement auprès de coopératives certifiées.

C'est gratuit

12 CIRCOLO DEI LETTORI
Détente culturelle

€€€
Café
Lecture
Calme

ADRESSE Via Bogino 9, Torino
CONTACT circololettori.it
011 432 68 27

Derrière la porte de ce palais du 17ème siècle, goûtez l'atmosphère d'un espace intime. Les lieux vous invitent à la détente et à savourer le plaisir d'un livre ou d'un café. Des chaises suspendues et des coins plus retirés permettent de s'immerger dans la lecture ou de contempler les beautés architecturales. Livres, journaux et revues sont à votre disposition et des soirées thématiques ou des rencontres sont organisées régulièrement.

Shopping bon pour la planète

13 JOHAR
Achats solidaires

€€€
Boutique
Artisanat
Solidaire

ADRESSE Via Santa Giulia 42, Torino
CONTACT johar.it
011 835355

Le nom de cette coopérative sociale veut dire « bienvenue » en indien. Café et boutique solidaire à la fois, on peut y boire du café vert, déguster des sandwiches maison et acheter des vêtements ou des céramiques. Les créateurs sont sélectionnés de façon indépendante et une partie des ventes finance le travail d'une coopérative en Inde. Des soirées thématiques et des concerts sont organisés régulièrement, totalement dans l'esprit Vanchiglia, le quartier de l'art et de la culture de Turin.

Milan

Capitale économique de l'Italie, Milan vit à un rythme accéléré. Son dynamisme s'exprime à tous les niveaux : ses espaces culturels sont incontournables, ses endroits pour sortir sont riches et variés, ses adresses shopping une tentation permanente. Mode et design riment avec innovation et les grands projets d'architecture révèlent une âme moderne et en perpétuel mouvement, toujours en avance sur son temps. L'Exposition Universelle 2015 vous en convaincra !

Une ferme au cœur de Milan

Une tarte aux pêches chez Pavé

14 GOGOL'OSTELLO
Solidaire et littéraire

€€€
Auberge
Vintage
Événements

ADRESSE Via Chieti 1, Milano
CONTACT gogolostello.it 02 36755522
TARIFS 80€/2pers

Cette auberge collabore étroitement avec des ONG ou des coopératives et se caractérise par un esprit ouvert et solidaire. Les chambres sont spacieuses, confortables et d'une propreté irréprochable. Les repas se basent sur les produits du commerce équitable et sont servis dans un espace appelé « café littéraire », qui accueille régulièrement des événements culturels. La décoration d'inspiration vintage provient largement de la récupération et des artistes exposent leurs créations, disponibles à la vente. Les bouteilles en plastique sont bannies et les couverts sont fabriqués à partir de matières naturelles (riz).

15 OSTELLO BELLO
Convivialité rare

€€€
Auberge
Convivial
Propre

ADRESSE Via Medici 4, Milano
CONTACT www.ostello-bello.com 334 2610356
TARIFS 98€/2pers

Une agréable sensation de familiarité vous envahira dans cette auberge à l'esprit jeune et décontracté. Tout encourage la socialisation. La salle d'accueil est aussi un café, fréquenté par des Milanais du matin au soir. Les chambres et les salles de bain sont propres et modernes. Vous trouverez une cuisine commune avec de la nourriture gratuite, une terrasse, un piano, une bibliothèque et de nombreuses informations culturelles. Le décor, marrant et coloré, empreint d'une délicieuse touche artistique, rend l'ambiance encore plus chaleureuse et personnelle.

La cuisine de la résidence Un posto à Milano

€€€
Résidence
Silence
Champêtre

ADRESSE Via Cuccagna 2, Milano
CONTACT unpostoamilano.it
02 5457785
TARIFS 90€/2pers

16 UN POSTO A MILANO
La campagne à Milan

Cette résidence est un havre de paix au cœur des pulsations du Milan frénétique. C'est une ancienne ferme du 17ème siècle et l'architecture garde l'esprit rustique du lieu. Les plafonds et les sols sont originaux et les meubles proviennent de l'atelier de menuiserie juste à côté. Les chambres sont simples et colorées et une cuisine commune permet de préparer des repas en autonomie. Un beau jardin invite à la détente lors d'une séance bronzage ou d'un pique-nique. Un cadre bucolique inattendu !

€€€
Hôtel
Suites
Centre-ville

ADRESSE Via dell'Orso 7, Milano
CONTACT hotelmilanoscala.it
02 870961
TARIFS 210€/2pers

17 HOTEL MILANO SCALA
Green hôtel

Cet hôtel 4 étoiles a le mérite d'avoir été conçu entièrement selon les principes de l'économie d'énergie : cartes magnétiques et senseurs aux fenêtres pour régler le chauffage ou la climatisation, filtres aux robinets, isolation thermique et sonore parfaite. Les suites sont modernes et spacieuses et transmettent d'emblée une agréable sensation de confort. La cuisine est écologique aussi et les légumes, toujours très frais, scandent le menu au fil des saisons.

€€€
Café
Apéritif
Stylé

ADRESSE Via F. Casati 27, Milano
CONTACT pavemilano.com
02 94392259

18 PAVÉ
Convivial du matin au soir

Du petit-déjeuner à l'apéritif, ce café bistrot propose des pains, des pizzas et des pâtisseries maison. Les sandwichs et les plats suivent les saisons et sont tous préparés à la commande. Les farines sont biologiques et les pains, levés naturellement pendant huit heures, sont cuits sur des plaques en pierre. Les céliaques trouveront des pâtes sans gluten, alors que les végétaliens pourront déguster des pâtisseries et des biscuits adaptés. La mobilité douce est encouragée grâce à des flyers de loueurs de vélos à proximité.

€€€
Glacier
Qualité
Artisanal

ADRESSE Via Solari 43, Milano
CONTACT lebotteghe-dileonardo.it
02 39542566

19 LE BOTTEGHE DI LEONARDO
Le top de la glace

Ce glacier artisanal utilise des ingrédients de la plus haute qualité. Le laboratoire se trouve au Trentin et le lait, l'eau et les fruits proviennent de ses vallées. Tout est pensé pour une conservation optimale : les bacs en acier permettent de garder une bonne texture tout en évitant le contact avec les bactéries et la température est adaptée à la composition des glaces (crèmes ou sorbets). Tous les parfums sont sans gluten, certains sont pensés pour les diabétiques. La stévia, une alternative naturelle au sucre, est employée là où elle n'altère pas la saveur. Une deuxième boutique se trouve via Borsieri 11.

POUR L'ENVIRONNEMENT
Les pots sont biodégradables, les ingrédients locaux.

€€€
Bistrot
Boutique
Bio

ADRESSE Via F. Confalonieri 8, Milano
CONTACT bio.it
02 36798430

20 BIO.IT
Le temple du bio

Face au célèbre projet d'architecture nommé « bois vertical », ce café bistrot vous propose des plats légers et des boissons à base de fruits et de légumes frais. Le tout, sous le signe du bio. Ouvert du matin au soir, ce café vous permet de déguster des cocktails à l'extrait de camomille ou de faire vos courses bio. Les espaces lumineux et les nombreuses plantes contribuent à l'ambiance green du lieu, ainsi que les meubles en bois et les poubelles en papier. Des journaux et revues sont disponibles en consultation.

€€€
Restaurant
Brunch
Véranda

ADRESSE Alzaia Naviglio Pavese 286, Milano
CONTACT erbabrusca.it
02 87380711

21 ERBA BRUSCA
Le meilleur du terroir

La vocation agricole du lieu, le long du canal « Naviglio Pavese », correspond parfaitement à la cuisine saine et savoureuse qu'on y déguste. Les propriétaires Alice et Danilo affectionnent particulièrement les petites productions artisanales et sélectionnent eux-mêmes leurs viandes et leurs légumes. Savoir-faire et qualité se traduisent merveilleusement dans des assiettes qui sentent le terroir, lors d'un repas en semaine ou d'un brunch dominical. Le jardin et la cordialité du service ajoutent du charme à ce lieu exquis.

POUR L'ENVIRONNEMENT
Produits majoritairement bio. Eau purifiée servie dans des bouteilles en verre. Potager pour s'approvisionner en salade et en plantes aromatiques. Vélos en libre service.

POUR LES EFFORTS SOCIAUX ET CULTURELS
Prix très raisonnables le midi. Dimension humaine vis-à-vis des fournisseurs et des collaborateurs.

€€€
Restaurant
Local
Apéritif

ADRESSE Via de Castilla 28, Milano
CONTACT ratana.it
02 87128855

22 RATANÀ
Très bonne cuisine locale

Situé dans le nouveau quartier des affaires près de la gare Garibaldi, ce restaurant propose une excellente cuisine milanaise dans un cadre contemporain et élégant. Le « risotto alla milanese » est un must et vous pourrez l'accompagner avec un « ossobuco », selon la tradition locale. Les ingrédients sont tous de très haute qualité et les fournisseurs sont indiqués avec transparence. Des jus de fruits et des sodas bio complètent une carte des vins de plusieurs pages et sont parfaits pour un apéritif en terrasse.

Activités

€€€
Tours
Vélo
Amusant

ADRESSE Via Durini 25, Milano
CONTACT veloleo.it
342 9752617

23 VELOLEO
Taxi durable

Parcourir Milan à vélo n'est pas une mince affaire, à moins que quelqu'un ne pédale pour vous en se faufilant dans le trafic métropolitain. Vous pourrez alors vous distraire à loisir et admirer les monuments de la ville. Vous pourrez également discuter avec votre accompagnateur et lui demander de vous déposer à tel endroit pour faire du shopping ou à tel autre pour prendre un café. Privilégier un moyen de transport silencieux et non polluant comme le vélo permet non seulement de respecter l'environnement, mais aussi d'avoir un contact plus direct avec la ville et ses habitants.

Le Hangar Bicocca

€€€
Musée
Art
Histoire

ADRESSE Via Chiese 2, Milano
CONTACT hangarbicocca.org
02 66111573

24 HANGAR BICOCCA
Archéologie industrielle

Symbole du Milan industriel, cette aire de 15 000 m2 a fait l'objet d'un vaste projet de reconversion urbaine et est devenue depuis 2004 un haut lieu de l'art contemporain. A partir du printemps, un guide vous accompagnera à vélo à la découverte du quartier. Vous visiterez entre autres le QG Pirelli, une villa du 15ème siècle et le bourg des ouvriers. Les architectures impressionnantes du musée avec ses expositions monumentales vous feront sentir tout le poids historique de ce lieu incontournable.

POUR L'ENVIRONNEMENT
Encouragement de la mobilité douce.

POUR LES EFFORTS SOCIAUX ET CULTURELS
Requalification d'un site industriel historique. Plusieurs projets artistiques.

Partagez votre expérience !

La communauté des voyageurs s'enrichit grâce à vos avis. Vous avez adoré une adresse, été déçu par un lieu qui a changé de proprio ? Vous avez une nouvelle adresse à recommander ?

C'est facile ! Vous pouvez vous exprimer :

- √ *sur viatao.com*
- √ *sur facebook, Éditions Viatao*
- √ *ou nous écrire à bonjour@viatao.com*

Shopping bon pour la planète ....

€€€
Librairie
Ecologie
Design

ADRESSE Corso Garibaldi 99, Milano
CONTACT valcucine.it/milano
02 6597588

25 VALCUCINE ECO BOOKSHOP
Librairie durable

Dans les showroom de cette marque de cuisines, vous trouverez des livres d'architecture, de design, de cuisine, de jardinage et même de sociologie ou de philosophie. Dénominateur commun : le développement durable. Fidèle aux valeurs de la marque, cette librairie écologique vous permettra d'en savoir plus sur le low cost design ou sur la bioarchitecture. Le tout, en italien, en français ou en anglais. Si vous vous promenez dans le quartier Garibaldi ou Brera, n'hésitez pas à pousser la porte.

€€€
Boutique
Vintage
Créateurs

ADRESSE Via Pollaiuolo 3, Milano
CONTACT fridaisola.it
02 89829098

26 PARTICELLE COMPLEMENTARI
Mode éthique

A l'écart des rues du shopping milanais, cette boutique d'habillement pour femme, homme et enfant propose un vaste choix de vêtements vintage, neufs ou d'occasion, ainsi que des accessoires et des bijoux fabriqués à partir d'objets récupérés. Ainsi, des cravates sont transformées en colliers et des vinyles en broches. Vous trouverez également des jeans en coton bio et des chaussures végétaliennes.

L'éco-librairie Valcucine

Bologne

Chef-lieu de l'Emilie-Romagne, Bologne est une ville où il fait bon vivre. Calme et joyeuse à la fois, elle a su garder une dimension humaine fort agréable. Se déplacer à pied ou à vélo est un plaisir pour les yeux : ses architectures anciennes, dont sa célèbre université, respirent le Moyen-Age, ses épiceries de « tortellini » ou de parmesan stimulent l'appétit, ses rues animées inspirent la bonne humeur, enfin, ses parcs en colline invitent à l'escapade. Si vous passez par Bologne, une visite approfondie s'impose !

Hébergements

€€€
B&B
Palais
Petit-déjeuner

ADRESSE Via Marsala 32, Bologna
CONTACT la-ciliegia.blogspot.com
345 9802820
TARIFS 100€/2pers

27 LA CILIEGIA
Délicieusement vintage

Deux chambres spacieuses s'offrent à vous au cœur de la ville, dans un palais classé du 17ème siècle. Une décoration délicieusement vintage avec du mobilier de récupération et plein d'attentions écologiques font le charme du lieu, géré par quatre amis très accueillants et disponibles. Plein de bonnes choses bio vous attendent au petit-déjeuner, dont le pain et les confitures maison. Le linge, en fibres naturelles, est parfumé et les couvertures sont tricotées à la main. Un endroit non standardisé au goût familial !

POUR L'ENVIRONNEMENT
Peintures naturelles. Sols originaux du 19ème siècle récupérés. Produits ménagers écologiques.

28 IL VILLINO
Résidence paisible

€€€
Résidence
Soigné
Parc

ADRESSE Via Santa Barbara 9, Bologna
CONTACT ilvillinobologna.com 349 2372297
TARIFS 90€/2pers

Dans un parc de 3 000 m², bien relié au centre-ville, une coopérative sociale gère treize chambres d'hôtes élégantes et bien éclairées. La structure emploie des personnes socialement défavorisées, qui travaillent à l'atelier de céramique de la maison. De vieilles photos de Bologne décorent les couloirs, alors que les objets fabriqués par l'atelier embellissent les chambres. Les tartes au petit-déjeuner sont faites maison et un menu salé est également disponible sur demande. Un très bel exemple d'hospitalité !

Coeur du Nord

POUR L'ENVIRONNEMENT
Linge en fibres naturelles.

POUR LES EFFORTS SOCIAUX ET CULTURELS
La structure accueille le « festival des habilités différentes » en mai. Objets de l'atelier en vente dans une petite boutique.

29 LUNA BLANCA
Bon goût écologique

€€€
B&B
Frais
Design

ADRESSE Via Saragozza 71, Bologna
CONTACT 380 3905553
TARIFS 70€/2pers

Cette chambre d'hôtes ressemble bien à sa propriétaire Stefania : accueillante et avec plein d'attentions écologiques. Les serviettes en coton bio et les draps en lin sont fort agréables, les objets en bois récupéré sont une merveille et les petits-déjeuners bio un vrai délice. Deux vélos sont à votre disposition gratuitement et Stefania vous conseillera restaurants, musées et itinéraires en fonction de vos intérêts. La maison se trouve à proximité de la promenade qui mène au Sanctuaire de St Luc.

POUR L'ENVIRONNEMENT
Achat d'énergie verte. Produits ménagers bio. Produits bio ou issus du commerce équitable au petit-déjeuner.

€€€
Hôtel
Luxe
Artistique

ADRESSE Via de' Fusari 9, Bologna
CONTACT alcappello-rosso.it
051 261891
TARIFS 160€/2pers

30 AL CAPPELLO ROSSO
Chambres d'auteur

L'art et la créativité sont omniprésents dans cet hôtel. De la collaboration avec le festival de la BD de Bologne sont nées des chambres plus originales les unes que les autres. Un système domotique évite les gaspillages d'énergie, le plastique est banni du minibar, des produits bio ou sans gluten sont proposés au petit-déjeuner et des plats végétariens ainsi que des vins bio complètent la carte du restaurant. Des vélos et des guides de la ville sont disponibles gratuitement. Enfin, l'établissement est accessible aux handicapés.

Restaurants

€€€
Restaurant
Végétarien
Smoothies

ADRESSE Via Mascarella 81h, Bologna
CONTACT estravagario.org
051 4210582

31 ESTRAVAGARIO
Extra...bon !

Ce bar restaurant propose des plats végétariens et bio qui changent tous les jours suivant les saisons. Pâtes, soupes, légumes et céréales sont toujours au rendez-vous et composent des assiettes variées et colorées. L'huile d'olive est excellente et les smoothies délicieux. N'oubliez pas de goûter celui aux carottes et au gingembre ! Etant donné la forte affluence à midi, on s'assoit là où il y a de la place, ce qui favorise la convivialité, rendant le lieu encore plus chaleureux. Horaires d'ouverture à vérifier sur le site Internet.

POUR L'ENVIRONNEMENT
Pas de viande ni poisson. Café et produits du commerce équitable.

POUR LES EFFORTS SOCIAUX ET CULTURELS
Pâtes de la coopérative sociale « Libera » qui cultive les terrains repris à la mafia. Prix raisonnable d'un plat unique à 10€.

€€€
Pizza
Bio
Boutique

ADRESSE Via Petroni 9c, Bologna
CONTACT alceneroberbere.it
051 2759196

32 ALCE NERO BERBERÈ
Pizza bio

Au cœur du quartier universitaire, ce restaurant est surtout réputé pour ses pizzas bio dont la pâte est levée naturellement pendant 48 heures. Des pizzas avec des farines semi-intégrales ou carrément sans levure sont aussi proposées. Les végétariens trouveront leur bonheur ici, ainsi que les étudiants, qui peuvent bénéficier d'un menu dédié à prix réduit. Un design moderne avec une agréable touche artistique caractérise les deux salles. Un coin boutique bien fourni permet de s'approvisionner en produits bio en tous genres, même frais.

€€€
Brunch
Design
Arts graphiques

ADRESSE Strada Maggiore 50, Bologna
CONTACT facebook.com/likeazoo
320 6186279

33 ZOO
Café hétéroclite

A la fois café, boutique et atelier, ce concept store combine les passions des cinq propriétaires : pâtisserie, design textile et arts graphiques. Idéal pour un brunch le week-end, on y va pour déguster les bagels et les buns, pour lire son journal ou pour admirer la décoration. Un choix de plats végétariens et végétaliens est toujours présent. L'endroit accueille périodiquement des expositions d'illustrations et organise des ateliers créatifs pour adultes et enfants. Le service à emporter se fait dans des emballages rigoureusement biodégradables.

Un brunch au Zoo

€€€
Restaurant
Bio
Végétalien

ADRESSE Via F.lli Rosselli 18, Bologna
CONTACT zenzerobistrot.it
051 5877026

34 ZENZERO
A bas le gaspillage !

Nadia et Marco vous accueillent midi et soir avec des plats 99,9% bio ou issus du commerce équitable. Ils vont chercher eux-mêmes leurs fruits et leurs légumes, même chose pour les œufs, les fromages et les céréales. Le design, sobre et essentiel, reflète la philosophie du lieu, qui bannit tout gaspillage. Les objets mettent à l'honneur la récupération et des tableaux de mousse très originaux décorent les parois. Dans la même rue, vous trouverez également un coiffeur bio, de quoi vous faire beau pour un dîner spécial…

Activités

€€€
Location
Vélos
Social

ADRESSE Via Capo di Lucca 37, Bologna
CONTACT demetrasocialbike.it
051 248224
TARIFS 15€/jour/vélo loué

35 DEMETRA SOCIAL BIKE
Vélos solidaires

En louant un vélo ici, non seulement vous faites du bien à l'environnement, mais vous soutenez également l'activité de la coopérative sociale qui gère le lieu. Son but : favoriser la réinsertion sociale de personnes marginalisées et combattre le marché noir du vélo, très puissant à Bologne. Les mécaniciens de la cyclofficine réparent aussi des vélos récupérés dans la rue pour leur donner une nouvelle vie. Des tarifs dégressifs sont appliqués en fonction de la durée de la location.

POUR L'ENVIRONNEMENT
Promotion de la mobilité à vélo et de la culture de la récupération.

POUR LES EFFORTS SOCIAUX ET CULTURELS
Le projet de réinsertion sociale est soutenu par la Mairie de Bologne.

€€€
Randonnée
Colline
Panorama

ADRESSE Via di S. Luca 36, Bologna
CONTACT sanlucabo.org 051 614 2339

36 SANTUARIO DELLA MADONNA DI SAN LUCA

Une très belle épreuve

Une très belle promenade le long d'un portique de 666 arcades vous mène jusqu'au sanctuaire de la « Madonna di San Luca ». Le parcours se déploie sur une longueur de presque 4 km depuis la Porta Saragozza et monte jusqu'à 300 mètres d'altitude, d'où vous pourrez jouir d'un panorama époustouflant. Chemin faisant, vous ne manquerez pas de rencontrer des Bolognais en train de se promener le dimanche ou de faire leur jogging. Une épreuve incontournable pour les primo-visiteurs découvrant Bologne, un exercice toujours gratifiant pour ceux qui connaissent déjà !

Une fuite d'arcades

€€€
Cinéma
Photographie
Bibliothèque

ADRESSE Piazzetta Pasolini (côté via A. Gardino 65b), Bologna
CONTACT cinetecadibologna.it/biblioteca
051 2194843

37 BIBLIOTHEQUE DE LA CINEMATHEQUE
Culture cinématographique

Quoi de mieux que de regarder un film dans la ville natale de Pasolini, où se trouve un centre majeur de recherche cinématographique ! Dans cette bibliothèque, vous trouverez quelque 15 000 DVD et autant de jeux vidéo en consultation libre. Vous trouverez aussi un très grand choix d'affiches de films anciens et nouveaux, disponibles à la vente. Des livres de photographies sur Bologne et sur le cinéma enchanteront les néophytes comme les cinéphiles invétérés. Des projections gratuites sont organisées en été sur la Piazza Maggiore.

€€€
Randonnée
Vélo
Parc

ADRESSE Via della Grada (angle viale Vicini - via Sabotino), Bologne

38 PISTE CYCLABLE BOLOGNE-CASALECCHIO
Sport et détente

Parmi les 134 km de pistes cyclables disponibles à Bologne, cet itinéraire est particulièrement adapté aux familles avec enfants. Le chemin longe d'abord le canal Reno et se poursuit dans le Parco Talon. Vous pourrez alors vous détendre ou pique-niquer le long du canal ou bien explorer le parc en parcourant une route panoramique. L'itinéraire part de la Via della Grada, dans l'ouest de Bologne, et se développe sur une longueur de 5 km.

La via Rizzoli

€€€
Boutique
Mode
Coloré

ADRESSE Via Saragozza 101/3b, Bologna
CONTACT 339 777 4405

39 JULIETA MANASSAS
Habillez-vous coloré !

Julieta est originaire d'Angola et habite depuis plus de 20 ans en Italie. Après avoir travaillé comme costumière au Teatro Regio de Parme, elle a décidé de lancer sa propre marque de vêtements. Ses robes, originales et colorées, évoquent la joie de vivre et révèlent un goût certain pour l'exotisme. Son talent indéniable lui permet de mixer les styles avec habileté. Les tissus, africains ou non, sont de très bonne facture et les finitions parfaites. Une adresse précieuse pour fashionistas exigeantes !

Errances urbaines

- ✓ *Laissez-vous guider par le chocolat*
- ✓ *Découvrez un des marchés les plus grands d'Europe*
- ✓ *Explorez un quartier post-industriel*
- ✓ *Visitez une ancienne ferme à Milan*
- ✓ *Baladez-vous à vélo à Bologne*

Une création de Julieta Manassas

LA CÔTE ADRIATIQUE

Face à la Croatie, le côté adriatique offre une multitude de paysages : les plages de cailloux et les eaux claires du golfe de Trieste, les vastes étendues de sable fin du Frioul et de la Vénétie, les criques sauvages de la Riviera del Conero. Et puis, il y a Venise ! Traditionnellement rattachée aux villes d'art italiennes, peu de gens connaissent sa lagune. Nos adresses vous permettront de découvrir cette merveille naturelle où tout a commencé : sa flore et sa faune particulières, son histoire millénaire... La cuisine est excellente partout et le poisson domine sans conteste. Décliné d'après les traditions locales, il est toujours accompagné de vins blancs délicieux : Collio, Prosecco ou Verdicchio, une expérience enivrante en soi !

Les 5 meilleures adresses de La Côte Adriatique

- ✓ Retrouvez la paix au Venissa
- ✓ Explorez la lagune avec Terra e Acqua
- ✓ Dégustez un bon vin chez Estro
- ✓ Contemplez une nuit étoilée à La Fabula
- ✓ Admirez l'art de la calligraphie chez Màlleus

L'île de Mazzorbo en automne

Des spaghettis aux moules chez Emilia

Un sentier vers la mer

Morbegno
Parco Naturale Adamello Brenta
Parco Nazionale delle Dolomiti Bellunesi
Trento
Parco delle Orobie Bergamasche
Parco dell' Adamello
Lecco
Rovereto
Bassano del Crapp
Bergamo
Thiene
Brescia
Verona
Padova
Este
Mantova
Cremona
Piacenza
Rovig
Ferrara
Parma
Reggio Emilia
Modena
Bologna
Parco Nazionale dell'Appennino Tosco
La Spezia
Lucca
Parco Nazion Forest Casenti
Firenze
Mer Méditerranée
Livorno
Are
N
0
20 km
Siena

Udine
Slovénie
Pordenone
Azzano Decimo
Palmanova
Monfalcone
San Donà di Piave
Trieste
Lazzaretto Nuovo
Mazzorbo
Sant'Erasmo
Venezia
Chioggia
Croatie
Parco del Delta del Po
Mer Adriatique
Ravenna
Cattolica
SAN MARINO
Portonovo
Ancona
Offagna
Sirolo
Camerano
Numana
Recanati
Città di Castello
1 2 3 4 5 6 7 8 9 10 11 12 13 14 15 16 17 18 19 20 21 22 23 24 26 27 28
Rivières
Routes principales
Routes secondaires
40 Hébergements
39 Restaurants
43 Shopping
15 Activités
19 C'est gratuit

Venise et sa lagune

Prise d'assaut par les touristes, Venise est pourtant une ville paisible, qui cache jalousement ses nombreux trésors. Son côté durable se révèle surtout en hiver, lorsqu'on la parcourt à contre-courant. Laissez-vous surprendre par une rencontre inattendue, l'immensité de la lagune, l'architecture grandiose de l'arsenal, la modestie de ses ruelles... Lorsque la lumière baisse et que les canaux se font silencieux, savourez la nuit profonde et ces moments exquis, où tout redevient enfin luxe, calme et volupté.

Hébergements ....

€€€
Hôtel
Île
Amical

ADRESSE Via Forti 13, Sant'Erasmo, Venezia

CONTACT latoazzurro.it 041 5230642

TARIFS 80€/2pers

01 IL LATO AZZURRO
Habiter la lagune

Situé sur une île de 750 habitants, que vous pourrez arpenter gratuitement à vélo, cet hôtel vous accueille avec le sourire et dans une bonne ambiance. Les chambres, très spacieuses, offrent une vue sur le jardin et/ou sur la lagune. La décoration révèle un goût délicieusement champêtre. Le bon restaurant propose toujours des légumes de saison ainsi que des plats végétariens et végétaliens. L'hôtel collabore avec le parc de la lagune et organise des visites sur demande.

POUR L'ENVIRONNEMENT
Eclairage temporisé dans les toilettes et les couloirs. Collaboration avec de petits producteurs agricoles de l'île.

POUR LES EFFORTS SOCIAUX ET CULTURELS
Beaucoup de livres et d'informations sur l'île et sur Venise. Investissement pour créer plus de services sur l'île. Accueil de jeunes mineurs étrangers en stage.

€€€
Suites
Romantique
Gastronomie

ADRESSE Fondamenta Santa Caterina 3, Mazzorbo, Venezia
CONTACT venissa.it
041 5272281
TARIFS 160€/2pers

02 VENISSA
Luxe tranquille

Cet ancien couvent restauré par la Mairie de Venise comprend six suites en location à la nuit. Il y a également neuf jardins potagers entretenus par des retraités de Burano. Les salles reflètent le goût des belles choses avec des meubles d'époque, une architectures authentique et de petites attentions agréables comme des draps en lin dans les chambres. L'excellent restaurant étoilé et l'« osteria », plus traditionnelle, proposent des plats de poisson accompagnés de légumes cultivés sur place. Un jardin avec vue sur le clocher vous offrira quiétude et beauté.

POUR L'ENVIRONNEMENT
Récupération d'un ancien vignoble et implantation d'un cépage autochtone, le Dorona.

POUR LES EFFORTS SOCIAUX ET CULTURELS
Perpétuation de la tradition agricole de l'île.

Une chambre au Venissa

€€€
Osteria
Familial
Accueillant

ADRESSE Cannaregio 3082, Venezia
CONTACT 041 2759347

03 BEA VITA
Rustique et amical

Gianfranco, le propriétaire de cette « osteria » à la cuisine savoureuse, vous accueille avec courtoisie et sympathie. Les plats, typiquement vénitiens, suivent les saisons et sont tous préparés maison. Pour un prix raisonnable, vous pourrez goûter des seiches avec de la polenta en hiver ou bien le célèbre « risi e bisi » (du riz avec des pois) au printemps. L'eau est purifiée et n'est pas payante. La décoration reflète la passion de Gianfranco pour l'art et les bateaux avec de jolis dessins accrochés aux murs.

€€€
Restaurant
Solidaire
Spécialités

ADRESSE Castello 3911, Venezia
CONTACT uniamogoldin.it
041 5228038

04 FANTASIA
Mangez pour la bonne cause !

Ce restaurant favorise l'insertion professionnelle de personnes en difficulté. Issues majoritairement de l'institut hôtelier, ces personnes font la cuisine et assurent le service. Le résultat est fantastique : un service efficace et une cuisine succulente. Outre les immanquables « cicchetti », sortes de tapas à l'italienne, vous pourrez goûter des pâtes à l'encre de seiche ou des « sarde in saor ». Le prix ne dépasse jamais les 18€ et vous pouvez facilement en avoir pour moins cher.

Un apéritif chez Estro

€€€
Restaurant
Poisson
Musée

ADRESSE San Stae, Santa Croce 1919, Venezia
CONTACT 041 5231703

05 MOCENIGO
Un régal !

Juste en face du Palazzo Mocenigo, le musée du costume de Venise, cette « osteria » délectera vos palais avec d'excellents plats de poisson de la Vénétie. N'hésitez pas à vous laisser conseiller par le patron, vous ne serez pas déçus. Le décor est soigné et le service rapide et attentionné. Des objets vintage décorent la longue salle rectangulaire, dont un vieux téléphone en bois et une vielle machine à écrire Olivetti. La carte des vins propose quelques étiquettes bio de la région.

€€€
Bistrot
Jeune
Apéritif

ADRESSE Dorsoduro 3778, Venezia
CONTACT estrovenezia.com
041 4764914

06 ESTRO
Parfait pour l'apéro

Une cuisine en lien avec son territoire et un service soigné et décontracté sont les valeurs qui animent la jeune équipe à la tête de ce joli bar à vin avec cuisine. Vous y trouverez entre autres les célèbres « cicchetti », parfaits pour accompagner l'apéritif, des fougasses maison au levain naturel, le poisson du jour et toujours une proposition végétarienne. Le tout est complété par une carte des vins très diversifiée. La décoration, conçue par de jeunes artisans et artistes de Venise, est originale et écologique.

POUR L'ENVIRONNEMENT
Très bon choix de vins naturels. Soutien à l'association de viticulteurs « Vinnatur ».

POUR LES EFFORTS SOCIAUX ET CULTURELS
Meubles de récupération et valorisation de savoir-faire artisanaux.

€€€
Visites
Authenticité
Rencontres

ADRESSE Via Angelo Toffoli 5, Venezia
CONTACT slowvenice.it 041 932003
TARIFS 15€/pers

07 SLOW VENICE
A la rencontre des Vénitiens

Des itinéraires hors des sentiers battus vous permettront de connaître Venise en profondeur, tout en allant à la rencontre de ses habitants. Accompagnés par des guides professionnels, vous pourrez choisir entre différentes thématiques valorisant la nature et la culture locales. Quelques exemples : le tour des boutiques historiques, des séances de birdwatching dans la lagune ou encore des promenades littéraires. Vous pouvez soit vous inscrire aux activités programmées sur le site, soit demander des tours sur mesure.

€€€
Dégustation
Vin blanc
Panorama

ADRESSE Via delle Motte 1, Sant'Erasmo, Venezia
CONTACT ortodivenezia.com
TARIFS 10€/pers

08 ORTO DI VENEZIA
Dégustez la lagune !

Sur l'île de Sant'Erasmo, réputée pour ses potagers et notamment pour ses artichauts, Michel Thoulouze, un français amoureux de la lagune, a le mérite d'avoir ramené la viticulture. Son vin, d'un cépage autochtone disparu depuis 300 ans, est entièrement naturel et s'accorde parfaitement avec le poisson et les légumes de la cuisine locale. C'est un vin qui invite à la dégustation, voire à la méditation, face au panorama époustouflant offert par la lagune. La paix et le silence qui règnent sur l'île feront le reste. Pour les réservations, consulter le site Internet.

Une dégustation de vin chez Orto

€€€
Silence
Musée
Promenade

ADRESSE Lazzaretto Nuovo, Venezia
CONTACT lazzaretto-nuovo.com
041 2444011
TARIFS 5€/pers

09 ILE DU LAZZARETTO NUOVO
Histoire et nature

L'histoire de cette île est étroitement liée à celle de la Sérénissime (République de Venise). En effet, les navires provenant de l'Orient (marchandises et équipage) stationnaient ici avant de pouvoir rentrer dans Venise pour éviter tout risque de contagion. Sur place, vous trouverez un petit musée (réservation nécessaire !) et un parcours qui fait le tour de l'île. La vue sur la lagune depuis la tour est absolument magnifique et au printemps, vous pourrez admirer les couleurs de la végétation endémique dans toute leur splendeur.

POUR L'ENVIRONNEMENT
Promenade d'intérêt environnemental : flore et faune autochtones. Système de phytoépuration pour l'assainissement des eaux usées.

POUR LES EFFORTS SOCIAUX ET CULTURELS
Le site est géré par une association de bénévoles appelée « Ekos Club » qui a sauvé l'île de l'abandon.

L'immensité de la lagune

€€€
Tour
Insolite
Lagune

ADRESSE Dorsoduro 3485/a, Venezia
CONTACT veneziainbarca.it
347 4205004
TARIFS 420€/1journée de location/9pers maximum

10 TERRA E ACQUA
En bateau sur la lagune

A bord d'un « bragozzo », un bateau de pêche typique de la haute Adriatique, Cristina et Paolo vous accompagnent à la découverte de la lagune. Vous visiterez des endroits absolument fabuleux et riches d'histoire comme l'Arsenal, les îles de Sant'Erasmo, Torcello ou encore le Lazzaretto Nuovo. Des itinéraires hors du commun pour une expérience que vous ne serez pas près d'oublier ! De plus, Cristina adore faire la cuisine et vous pouvez aussi déjeuner ou dîner à bord. A bon entendeur…

POUR L'ENVIRONNEMENT
Découverte de la flore et de la faune de la lagune.

POUR LES EFFORTS SOCIAUX ET CULTURELS
Cristina collabore avec une association de bénévoles pour la valorisation de l'île Lazzaretto Vecchio.

Shopping bon pour la planète ....

€€€
Café
Plantes
Jardin

ADRESSE Viale Giuseppe Garibaldi 1254, Venezia
CONTACT serradeigiardini.org
041 2960360

11 SERRA DEI GIARDINI
Un joli salon vert

A la fois café et magasin de fleurs, ce « jardin secret » est géré par une coopérative sociale qui s'occupe d'espaces verts. Tout respire la campagne, à l'intérieur comme à l'extérieur, et les hautes baies vitrées rappellent l'exposition d'art de 1894. Ouvert jusqu'à 19h (21h en été), le café vous accueille autour d'un verre ou d'un amuse-gueule salé. Vous pouvez aussi adhérer à l'initiative du « café suspendu », en payant un café à votre prochain dans le besoin.

POUR L'ENVIRONNEMENT
Mobilier en matériaux naturels.

POUR LES EFFORTS SOCIAUX ET CULTURELS
Gestion sous forme de coopérative sociale. Activités culturelles multiples et expositions d'art en lien avec la nature.

€€€
Boutique
Solidaire
Céramique

ADRESSE Campiello Squelini, Dorsoduro 3235, Venezia
CONTACT arrastessuti.wordpress.com
041 5226460

12 ARRAS TESSUTI
Tissus artisanaux

Situé dans un joli « campiello » en direction de l'Accademia, ce magasin est géré par une coopérative sociale qui œuvre en faveur de personnes en difficulté. Vous les verrez en train de tisser à la main des étoffes magnifiques, qui sont ensuite utilisées pour confectionner des étoles, des robes et des manteaux pour femme. Un petit rayon de mode enfant est aussi présent. La boutique propose également des céramiques artisanales d'une artiste de Venise ainsi que des objets manufacturés par d'autres coopératives de la ville.

€€€
Boutique
Café
Histoires

ADRESSE Castello 3727, Venezia
CONTACT caffegirani.it
041 721500

13 CAFFÈ GIRANI
Le café de Venise

Roberta et sa sœur Laura ont repris le flambeau de cette société familiale qui remonte aux années 30. Le parfum du café et les récits de Roberta vous transporteront à l'époque des Turcs, lorsque le café fut introduit à Venise, vers la fin du 16ème siècle. Elle vous racontera ensuite l'histoire passionnante de son grand-père, qui a connu M. Illy en personne. Dans l'arrière-boutique, vous verrez la machine des années 40 utilisée encore aujourd'hui pour torréfier le café. Les mélanges sont impeccables, il suffit d'y goûter… Associé du « Gruppo Triveneto Torrefattori Caffè » pour la protection de la qualité de l'espresso italien. Visites guidées pour les écoles.

L'île de Burano

€€€
Boutique Design Solidaire

ADRESSE Sant'Antonin, Castello 3496, Venezia
CONTACT bragora.it 041 3190864

14 BRAGORÀ
Un souvenir pas comme les autres

Près du joli Campo della Bragora, où il fait bon s'asseoir pour admirer les palazzi, ce magasin fait l'éloge de la récupération aussi bien pour ce qui est de la décoration que des produits en vente. Vous y trouverez des carnets en papier recyclé très originaux, des mini-gondoles en métal recyclé et des objets de jeunes designers vénitiens. C'est aussi un point de collecte de piles et de cartouches d'encre ainsi qu'un point fax et Internet à l'usage des citoyens. D'autant plus louable, dans une ville où parfois même les services de base se font rares…

POUR L'ENVIRONNEMENT
Beaucoup d'objets écologiques.

POUR LES EFFORTS SOCIAUX ET CULTURELS
Le magasin offre la possibilité à de jeunes designers d'exposer leurs produits pour se faire connaître. Collaboration avec des coopératives sociales.

Le vignoble du Venissa

La Riviera del Conero

Au sud d'Ancône, le chef-lieu des Marches, la Riviera del Conero est une petite région caractérisée par une mer cristalline et une végétation sauvage. Véritable lieu d'ermitage dominé par le Mont Conero, elle a inspiré de nombreuses légendes. C'est là que les Piceni ont élu leur domicile avant les Romains. Le parc régional vous permettra de faire de belles randonnées à pied ou à vélo, avec la surprise en juillet et août d'assister à la libération des tortues marines réhabilitées dans les eaux claires de Numana.

La plage des Due Sorelle

A vol d'oiseau

€€€
B&B
Romantique
Design

ADRESSE Monte Colombo, Sirolo
CONTACT lafabula.it 339 3399156
TARIFS 80€/2pers

15 LA FABULA
Fabuleux !!

Trois chambres merveilleuses au design rural chic vous accueillent au cœur du parc. La vue sur la mer est sublime et très romantique le soir. Enrico, le propriétaire, vit sur place et vous chouchoutera discrètement : il vous conseillera des plages, des randonnées, des restaurants et des visites culturelles en fonction de vos intérêts. Il vous concoctera aussi d'excellents petits-déjeuners à base de produits maison ou bio que vous pourrez déguster jusque tard dans la matinée. Pour les réservations, mieux vaut s'y prendre à l'avance !

POUR L'ENVIRONNEMENT
Meubles et lampes réalisés par le propriétaire avec des matériaux naturels. Savons bio. Chauffage géothermique et au bois. Energie photovoltaïque.

€€€
Hôtel
Histoire
Atmosphère

ADRESSE Via Poggio 166, Portonovo, Ancona
CONTACT hotelfortino.it 071 801450
TARIFS 160€/2pers

16 FORTINO NAPOLEONICO
Une forteresse sur la mer

Accessible aux handicapés, cette forteresse reconvertie en hôtel vous accueille dans des chambres confortables et élégantes de style napoléonien. Un système domotique éteint automatiquement les lumières et le chauffage. Un doseur de savon bio remplace les flacons dans la salle de bain. Le minibar offre des boissons locales, des bières artisanales et des jus naturels. Le restaurant panoramique propose entre autres des plats végétariens, végétaliens et sans gluten. Des expositions d'art sont organisées en été.

La campagne des Marches

Restaurants

€€€
Traiteur
Traditionnel
Pizza

ADRESSE Via San Lorenzo 16, Sirolo

CONTACT 071 9332321

17 ROSTICCERIA PIZZERIA PIERINI FABRIZIO

Simple et accueillant

Ce traiteur propose une cuisine typique des Marches. Fabrizio, le jeune propriétaire, vous accueille avec gentillesse, dans une ambiance familiale. En salle ou en terrasse, vous pourrez déguster différentes spécialités : « vincisgrassi » (les lasagnes locales), « cannelloni », lapin ou calamars. Des « olive ascolane » (olives frites farcies avec de la viande) sont souvent offertes en guise d'apéritif. Les pains sont bio et les pizzas légères. Un service à emporter est aussi proposé.

Un coucher de soleil sur la mer

€€€
Restaurant
Poisson
Rustique

ADRESSE Corso Italia 9, Sirolo

CONTACT 071 9330716

18 OSTERIA SARA
Bon petit resto de poisson

Sur la place de Sirolo, qui est en soi un belvédère naturel, ce restaurant de poisson propose une très bonne cuisine locale. Vittorio, le propriétaire, s'approvisionne directement au marché de Numana, juste à côté, et les plats suivent les saisons. Ainsi, vous trouverez des escargots de mer en hiver et des moules en été. Les pâtes fraîches sont faites maison et celles de blé dur proviennent d'un petit producteur de la région. Même chose pour l'huile d'olive et le vin, qui comprend aussi deux étiquettes bio. Sachez aussi que si vous n'arrivez pas à le terminer, vous pourrez l'emporter.

€€€
Agrotourisme
Viande
Pâtes fraîches

ADRESSE Via Piani D'Aspio 12, Sirolo

CONTACT ilritorno.com 071 9331544

19 IL RITORNO
Entre terre et mer

Ce restaurant, réputé pour ses viandes et ses pâtes fraîches, se trouve dans un « agriturismo » bio de 24 hectares destiné à l'élevage de bovins. On y trouve un grand potager qui fournit une bonne partie des légumes du restaurant. Tout ce qui n'est pas de son cru provient d'autres producteurs locaux. Parmi les spécialités : les raviolis, la « tagliata » de bœuf (viande de bœuf très savoureuse coupée en lamelles) et le carpaccio tiède. Federico, le propriétaire, est sommelier et vous conseillera un Verdicchio ou un Rosso Conero selon vos préférences.

POUR L'ENVIRONNEMENT
Chauffage par biomasse avec le bois du domaine. Utilisation de produits locaux.

20 DA SILVIO
Entre ciel et mer

€€€
Restaurant
Poisson
Romantique

ADRESSE Via Saleto 1, Sirolo
CONTACT 071 7360507

Ce restaurant avec vue sur la mer se trouve juste au-dessus de la plage de San Michele. Une navette vous y conduit gratuitement depuis le parking. Le poisson est délicieusement frais et la friture mérite une mention spéciale. Parfait pour un déjeuner ou un dîner romantique. Après votre repas, vous pourrez vous détendre au bord de l'eau ou contempler les étoiles. Avant de repartir, vous pourrez parcourir le sentier du belvédère (302) et profiter d'une autre vue magnifique de la baie. Attention, ouverture saisonnière !

21 DA EMILIA
Une fenêtre sur la mer

€€€
Restaurant
Poisson
Vue

ADRESSE Baia di Portonovo, Ancona
CONTACT ristoranteemilia.it
071 801109

Ce restaurant est une véritable institution à Portonovo. Depuis 1929, la tradition familiale se poursuit pour le bonheur des touristes et des locaux. Le poisson est roi et il est parfois pêché directement par le mari et le fils de Marisina, l'inégalable chef. Dans un cadre élégant, avec une vue imprenable sur la mer, vous pourrez déguster les célèbres spaghettis au « mosciolo » (moule sauvage locale labellisée Slow Food) ou encore une excellente grillade de poisson. Les desserts maison sont tout aussi savoureux.

Le restaurant Da Emilia

€€€
Forteresse
Panorama
Musée

ADRESSE Piazza del Maniero, Offagna
CONTACT 071 7107552
TARIFS 5€/pers

22 ROCCA DI OFFAGNA
Bienvenue au Moyen-Age !

Dans cette forteresse du 15ème siècle censée protéger la ville d'Ancône des attaques de sa rivale Osimo, tout respire le Moyen-Age. L'architecture, parfaitement conservée, offre des perspectives grandioses aussi bien à l'intérieur qu'à l'extérieur. La tour dentelée est une merveille et vous aurez une occasion unique de jouir d'un double panorama sur la vallée et sur la mer en parcourant le chemin de ronde. Les salles abritent une collection d'armures ainsi que des céramiques attiques remarquables. Des visites nocturnes sont organisées jusqu'à 23 heures en été. Réservation obligatoire.

€€€
Musée
Histoire
Céramiques

ADRESSE Via la Fenice 4, Numana
CONTACT 071 9331162
TARIFS 2€/pers

23 ANTIQUARIUM DI NUMANA
Musée archéologique

Ce musée recèle quelques pièces maîtresses de la civilisation des Piceni, qui habita la région à partir du 6ème siècle avant J.-C. Vous pourrez admirer les objets en bronze, dont un char majestueux, trouvés dans la tombe d'une princesse, et de nombreuses céramiques attiques qui témoignent des échanges florissants avec la Grèce. En sortant du musée, en direction de la Piazza Nuova, vous découvrirez sous vos pieds une nécropole admirablement préservée. Des visites guidées du musée sont organisées sur demande.

Un éperon rocheux

€€€
Balades
Cheval
Plage

ADRESSE Via Marina II 16, Marcelli, Numana

CONTACT agriturismo-hornos.it
071 7395034

TARIFS 18€/heure

24 AGRITURISMO HORNOS

Promenades à cheval

Cet « agriturismo » vous propose des randonnées à cheval dans la nature magnifique du Parco del Conero. Vous pourrez vous balader seul ou en compagnie, à travers la campagne ou en bord de mer. Les promenades s'adaptent à tous les niveaux, même aux néophytes, et les enfants pourront être accompagnés des parents. Les adultes pourront choisir entre une soirée country, une leçon d'équitation ou un galop à l'aube sur la plage. Une très belle expérience au plus près de la nature, en été et en hiver.

€€€
Tours
Randonnées
Visites

CONTACT viaggiemiragi.org/category/catalogo/italia/marche
328 2620560

TARIFS 25€/pers

25 VIAGGI E MIRAGGI MARCHE

Les Marches en 360°

De belles découvertes paysagères et culturelles vous attendent avec cette jeune équipe enthousiaste et passionnée. Vous visiterez des endroits d'un grand intérêt environnemental comme la Riviera del Conero, les Grottes de Frasassi ou le Parc National des Monts Sibillini, mais également des abbayes médiévales et des châteaux viticoles. Vous déjeunerez dans des « agriturismi » et rencontrerez de petits producteurs de miel ou de fromage. Mer, collines et montagnes rempliront vos yeux et guideront allègrement vos pas tout au long de ces visites guidées où règnent l'authenticité et la convivialité.

POUR L'ENVIRONNEMENT
Valorisation d'itinéraires hors des sentiers battus.

POUR LES EFFORTS SOCIAUX ET CULTURELS
Visite d'un domaine confisqué à la mafia, géré par la coopérative sociale « Libera ». Très bonne connaissance de la région : Fabrizio est « guida ambentale » et Stefano passionné d'histoire.

€€€
Panorama
Pause
Relax

ADRESSE Piazza Nuova, Numana

26 BELVEDERE DE NUMANA
Une très belle surprise

Derrière une église moderne au goût discutable, un panorama majestueux s'ouvre devant vous. Caché par les pins de la Piazza Nuova, ce belvédère inattendu embrasse le Mont Conero, le petit port de Numan et « La Spiaggiola », où nagent avec bonheur les tortues marines grâce à un programme de réhabilitation. Idéal pour déguster un sandwich sur le pouce ou pour se relaxer sur un banc, cet endroit mérite que l'on fasse une pause contemplative.

€€€
Visite
Calligraphie
Fascinant

ADRESSE Via Lorenzo Nina 100, Recanati

CONTACT malleus.it
071 7574393

27 MÀLLEUS
L'art de la calligraphie médiévale

Une expérience au bas mot insolite vous attend dans cet endroit hors du temps dont l'ambiance rappelle tant « Le Nom de la rose ». Il s'agit du plus grand scriptorium européen où travaillent douze scribes comme au Moyen-Age. Ils écrivent sur parchemin, illustrent des miniatures et reproduisent des manuscrits. Les commandes proviennent entre autres de chefs d'Etat et d'universités prestigieuses. Vous serez sidérés par la rapidité et la désinvolture avec lesquelles le Maître Màlleus et ses disciples exécutent à la perfection cet art antique. Fascinant !

Le crépuscule

28 CANTINA STROLOGO
Domaine viticole

€€€
Dégustation
Vin
Visite

ADRESSE Via Osimana 89, Camerano
CONTACT vinorossoconero.com
071 731104

Une visite de cette propriété viticole de 14 hectares vous fera comprendre immédiatement toute la générosité de la région : de la terre, bien sûr, et de ses habitants. Silvano et sa femme Catia poursuivent avec passion et dévouement la tradition familiale depuis les années 60. Les raisins sont récoltés à la main, à des époques différentes en fonction de leur degré de maturation. Le résultat est là et leur a valu une mention dans le guide Slow Food « Tre bicchieri ». La visite de la cave et une petite dégustation sont gentiment offertes.

POUR L'ENVIRONNEMENT
Implantation d'un cépage autochtone qui avait disparu : « Incrocio Bruni 54 ». Production d'un vin sans sulfites.

POUR LES EFFORTS SOCIAUX ET CULTURELS
Transmission et partage de la culture du vin. Actions de valorisation de l'appellation « Rosso Conero ».

Devinettes

- √ *Qui a introduit le café en Italie ? (adresse 13)*
- √ *D'où vient le mot « lazaret » ? (adresse 9)*
- √ *Comment est-ce qu'on écrivait au Moyen-Age ? (adresse 27)*
- √ *Que font des vases grecs dans une forteresse médiévale ? (adresse 23)*
- √ *Pourquoi un hôtel a-t-il été nommé d'après Napoléon ? (adresse 16)*

LA CÔTE TYRRHENIENNE

Face à la Corse, la partie Nord de la côte tyrrhénienne est partagée entre deux régions : la Ligurie et la Toscane. La végétation est typiquement méditerranéenne, mais les paysages sont très différents : si de petites plages rocheuses dominent la côte ligure, la côte toscane se caractérise par de vastes étendues de sable. Deux parcs et une réserve marine ponctuent le littoral : il s'agit du Parc National et de l'Aire Marine Protégée des Cinque Terre ainsi que du Parc de la Maremme. Les amoureux de la nature pourront parcourir les nombreux sentiers, plus ou moins escarpés, pratiquer le birdwatching, faire du pescatourisme ou encore se promener à cheval sur la plage. Quant à la cuisine, viande ou poisson, elle sera toujours accompagnée d'excellents vins locaux.

Les 5 meilleures adresses de la Côte Tyrrhénienne

- ✓ Contemplez le paysage au Nessun Dorma
- ✓ Promenez-vous dans les vignes avec Alessandro Crovara
- ✓ Découvrez les secrets de la Maremme avec Nunzio D'Apolito
- ✓ Offrez-vous un séjour romantique au Baciarino
- ✓ Profitez d'un dîner spécial à La Buca

Le village de Manarola

Le «Sciacchetrail»

Le Parc de la Maremme

Parco Naturale
Regionale dell'Aveto
Genova
6
Corniglia
1 7 15 Monterosso al Mare
9 11 Vernazza
La Spez
4 5 10 Manarola
Biassa 13
Riomaggiore
Monesteroli
2 3 8
12 14
Mer
Méditerranée
Rivières
Routes principales
Routes secondaires
40 Hébergements
39 Restaurants
43 Shopping
15 Activités
19 C'est gratuit
Isola
d'Elba
N
0
20 km

Forlì
Lucca
Firenze
Parco Nazionale
Forest Casentinesi
Livorno
Arezzo
Siena
Piombino
19
Magliano
in Toscana
Grosseto
16
18
22
29
17
Castiglione
della Pescaia
Alberese
21
24
28
23
26
27
Talamone
20
Orbetello
Vieterbo

Les Cinque Terre

Perchées entre terre et mer, les Cinque Terre ont toujours été une région vouée à l'agriculture. Aujourd'hui, celle-ci a cédé le pas au tourisme et ne représente plus que 10% de l'économie locale. Si les maisons colorées sont un appel à la joie de vivre, les terrains escarpés racontent une histoire de sacrifices immenses. Plusieurs fois victimes d'inondations catastrophiques, les Cinque Terre sont un patrimoine fragile protégé par l'UNESCO. Les randonneurs pourront se promener sur les chemins du parc national, tandis que les amateurs de vin pourront déguster le célèbre vin Sciacchetrà.

Hébergements

€€€
B&B
Actuel
Terrasse

ADRESSE Via Zuecca 27, Monterosso al Mare
CONTACT lacasadi-zuecca.it
340 3462128
TARIFS 100€/2pers

01 LA CASA DI ZUECCA
Chambres domotiques

Ces quatre chambres d'hôtes, confortables et très actuelles, ont été conçues dans une optique d'économie d'énergie. Un système domotique très performant règle le fonctionnement des lumières aussi bien dans les chambres que dans les espaces communs. La température est gérée par une carte magnétique : selon que vous êtes ou non dans la chambre, le chauffage et la climatisation seront augmentés ou diminués afin d'éviter tout gaspillage. Une grande terrasse panoramique entourée de citronniers vous offrira silence et beauté au petit-déjeuner. Le propriétaire, très accueillant, vous donnera une foule de conseils et d'informations sur la région.

La terrasse du B&B La casa di Zuecca

€€€
Charme
Confort
Accessible

ADRESSE Via di loca, Riomaggiore
CONTACT 348 3162471
TARIFS 100€/2pers

02 LE GIARE
Charmant et accessible

Quatre chambres d'hôtes spacieuses et lumineuses s'articulent autour d'un espace commun joliment décoré avec des tableaux et des objets d'artisanat. Une des chambres est totalement accessible aux handicapés et à l'extérieur, aucun escalier n'entrave le passage. Les parfums d'ambiance, les draps brodés à la main et le coin détente avec des thés et des infusions bio transmettent une agréable sensation de bien-être. Le bâtiment a été rénové récemment.

€€€
Hôtel
Courtoisie
Confort

ADRESSE Via de Gasperi 170, Riomaggiore
CONTACT villargentina.com
0187 920213
TARIFS 110€/2pers

03 HOTEL ARGENTINA
Un hôtel écologique

Cet hôtel a le mérite d'être le seul des Cinque Terre à avoir obtenu l'Ecolabel et ce depuis 2004. Parmi les démarches les plus importantes : la temporisation des lumières, les petits-déjeuners à base de produits maison, le tri, même dans les chambres, la récupération des eaux de pluie et l'achat d'énergie verte. Les chambres sont propres et fonctionnelles et les lits très confortables. Les propriétaires vous donneront de précieuses informations sur la région. Vous trouverez entre autres des livres, des cartes des sentiers ainsi que les horaires des trains qui relient les cinq villages.

POUR L'ENVIRONNEMENT
Améliorations permanentes conformément aux critères Ecolabel. Adhésion au label « Marchio di Qualità del Parco ». DPE des appareils électroménagers : A.

POUR LES EFFORTS SOCIAUX ET CULTURELS
Exposition de peintures d'artistes locaux. Collaboration avec le Parc pour accompagner des groupes à la découverte des plantes sauvages.

€€€
Apéritif
Champ terrassé
Vue

ADRESSE Località Punta Bonfiglio, Manarola
CONTACT 340 8884133

04 NESSUN DORMA
Apéritif avec vue

Dans une ambiance jeune et décontractée, ce café offre une vue imprenable sur le village de Manarola et sur la mer. Idéal pour un apéritif, vous pourrez y déguster entre autres un pesto traditionnel (préparé dans un mortier) et d'excellentes « bruschette » aux tomates du potager. En effet, l'endroit se trouve sur un « cian », célèbre champ terrassé des Cinque Terre, ce qui ne manque pas de rajouter du charme à son air délicieusement champêtre. De nombreuses activités sont organisées autour de la cuisine locale.

POUR L'ENVIRONNEMENT
Les cocktails et les plats sont largement composés de légumes et herbes du potager.

L'accueil du B&B Le Giare

€€€
Restaurant
Poisson
Vue

ADRESSE Via Rollandi 122, Manarola
CONTACT trattoriabilly.com
0187 920628

05 TRATTORIA DAL BILLY
Restaurant convivial

Pour rejoindre cette « trattoria », il faut gravir plusieurs dizaines de marches, mais la vue et la cuisine récompensent largement vos efforts. Si vous aimez le poisson, vous êtes au bon endroit. Vous pourrez le déguster cru ou cuit, chaud ou froid, mais toujours très frais. Les végétariens pourront déguster des pâtes maison au pesto ou bien des légumes du potager. L'accueil est chaleureux et l'ambiance conviviale. La terrasse panoramique offre une très jolie vue sur le village et sur la mer.

€€€
Restaurant
Qualité
Local

ADRESSE Via Fieschi 117, Corniglia
CONTACT 0187 821166

06 A CANTINA DE MANANAN
Qualité sans chichi

Ce petit restaurant familial se caractérise par un décor rustique (c'est une ancienne cave voûtée), une ambiance informelle et des plats savoureux. Les ingrédients sont locaux et les fournisseurs d'huile ou de vin sont tous mentionnés. Les légumes proviennent très souvent du potager du propriétaire. La transparence en matière de provenance des produits s'accompagne d'un service cordial et sincère. N'hésitez pas à vous laisser conseiller et surtout, n'oubliez pas de réserver !

€€€
Restaurant
Poisson
Qualité

ADRESSE Via Fegina 104, Monterosso al Mare
CONTACT ristorante-miky.it
0187 817608

07 RISTORANTE MIKY
Un dîner élégant

Fraîcheur du poisson et service attentionné sont les clés du succès de ce restaurant familial dans le centre-ville de Monterosso. Les plats sont très bien présentés et les recettes ligures sont interprétées avec créativité par le chef Miky et son équipe. Le menu s'inspire du marché du jour, cependant, quelques grands classiques sont toujours au rendez-vous. C'est le cas notamment des anchois de Monterosso, que vous pourrez déguster de dix manières différentes (frits, marinés, au citron...). Les desserts maison sont tout aussi savoureux.

€€€
Dégustation
Huile
Passion

ADRESSE Località Busanco, Riomaggiore
CONTACT 329 0510977
TARIFS 15€/pers

08 L'OLIO DEL BUSANCO
Une huile d'exception

Seule étiquette AOP des Cinque Terre, cette huile est le fruit d'une passion hors du commun. Depuis 2000, Giampietro part de Bergame toutes les semaines pour prendre soin de ses oliviers. Son credo : la qualité avant toute chose. Son but : un produit d'excellence. Vous pourrez visiter le domaine, déguster l'huile et le miel de la maison et surtout échanger sur les difficultés d'un métier où le goût du partage et de la transmission est la plus belle récompense. Un très bel exemple d'humanité !

POUR L'ENVIRONNEMENT
Engrais biologiques. Analyses régulières du sol. Cueillette à la main. Plantation non intensive (distance entre les arbres).

POUR LES EFFORTS SOCIAUX ET CULTURELS
Sélection des distributeurs selon des critères qualitatifs et non pas économiques.

Bénévoles de Save Vernazza

€€€
Dégustation
Vin
Panorama

ADRESSE Via S. Giovanni Battista 41, Vernazza
CONTACT 331 3433801
TARIFS 15€/pers

09 VERNAZZA WINE EXPERIENCE
Une terrasse sur la mer

Sur cette terrasse panoramique, vous serez comme suspendus au-dessus de la mer. Rajoutez des vins exceptionnels ainsi qu'un service courtois et professionnel et le tour est joué, vous êtes au paradis ! Alessandro, un sommelier expérimenté, vous fera goûter les meilleures étiquettes de la région et d'ailleurs, accompagnées des plats du terroir ligure, comme les anchois assaisonnés à l'huile d'olive et à l'origan sauvage. Vous saurez tout jusqu'aux moindres détails sur la viticulture dans les Cinque Terre : avis aux plus curieux !

€€€
Promenade
Vignobles
Dégustation

ADRESSE Via dei Molini 26, Manarola
CONTACT cantinacrovara.it
349 7514446
TARIFS 30€/pers

10 CANTINA CROVARA
A la rencontre d'un vigneron

Alessandro Crovara est un viticulteur passionné et généreux. Avec lui, vous découvrirez le vrai visage de la région et comprendrez pourquoi il est si difficile d'y cultiver la vigne. Vous traverserez les célèbres « cian » (champs terrassés) et saurez tout sur les différentes techniques, en treille ou pergola, ainsi que sur la production du vin autochtone Sciacchetrà. Pour conclure, une dégustation à la cave satisfera à la fois votre curiosité et vos papilles.

POUR L'ENVIRONNEMENT
Entretien des terrains grâce à la plantation de nouvelles vignes.

POUR LES EFFORTS SOCIAUX ET CULTURELS
Continuation et transmission d'un savoir-faire ancestral en voie de disparition.

€€€
Travail
Vignobles
Partage

ADRESSE Via Roma 21, Vernazza
CONTACT savevernazza.com
TARIFS 19€/pers

11 SAVE VERNAZZA
Coworking agricole

Créée suite à la terrible inondation du 25 octobre 2011, cette association à but non lucratif organise des demi-journées de travail dans les champs pour aller à la rencontre des viticulteurs. Accompagné d'un guide local parlant anglais, vous apprendrez aussi comment on construit les célèbres murs à sec et dégusterez les spécialités locales dont l'excellente « torta pasqualina » (tarte salée à base de ricotta). Les groupes dépassent rarement les 5 personnes et un âge minimum de 18 ans est demandé pour des questions de sécurité.

POUR L'ENVIRONNEMENT
Sensibilisation et soutien matériel à l'agriculture : financement de la construction de murs à sec.

POUR LES EFFORTS SOCIAUX ET CULTURELS
Echanges culturels et rencontres avec la population locale.

€€€
Randonnée
Vue
Histoire

ADRESSE Via Tralcantu 37b, Riomaggiore
CONTACT 348 3162471
TARIFS 125€/demi-journée

12 GIANLUCA PASINI
Randonnée culturelle

A la fois guide touristique et accompagnateur de randonnées, Gianluca vous conduira à la découverte des Cinque Terre. Vous pourrez, par exemple, visiter le village de Riomaggiore, ses ruelles, sa forteresse et son église du 14ème siècle, avant de gravir de nombreuses marches pour ensuite redescendre à Manarola. Les histoires de Gianluca vous mèneront jusqu'au petit port, en passant par les vignobles et le cimetière, un des points les plus panoramiques du village. Enfin, vous pourrez vous reposer et vous restaurer dans un café face à la mer.

13 ESCALIER-SENTIER DE MONESTEROLI
A pic sur la mer

€€€
Randonnée
Vertigineux
Panorama

ADRESSE Biassa, La Spezia

Un escalier descendant à pic sur la mer conduit au village de Monesteroli, à l'est de Riomaggiore. Si vous avez le vertige, ce sentier n'est pas pour vous, mais si vous aimez les émotions fortes, il s'imprimera à jamais dans vos souvenirs. Environ 2 000 marches et un dénivelé de 400 mètres vous plongeront au cœur des traditions rurales des Cinque Terre, où les gens vivent encore comme autrefois, accrochés à leur montagne, comme suspendus entre ciel et mer. Une expérience à donner le frisson !

14 LE SENTIER DES VIGNES
Marcher dans les vignes

€€€
Randonner
Panorama
Vignobles

ADRESSE Località Volastra, Riomaggiore

Des panoramas époustouflants s'ouvriront à vous le long du sentier 586, qui serpente à travers les vignes de Manarola à Corniglia. Vous pouvez soit le parcourir en autonomie à n'importe quelle période de l'année, soit participer, au début du printemps, au « Sciacchetrail », l'événement sportif dédié au vin Sciacchetrà. En marchant ou à pas de course, sur une longueur de 8 km, vous verrez que les vignes cèdent progressivement le pas au bois.

Champs terrassés au crépuscule

€€€
Artisanat
Céramique
Atelier

ADRESSE Via Roma 9, Monterosso al Mare
CONTACT fabbricadarte.com
0187 817488

15 FABBRICA D'ARTE
Céramiques d'auteur

Depuis 1982, les beautés des Cinque Terre ne cessent d'inspirer le travail de ces deux couples de céramistes. Les formes et les couleurs puisent autant dans la mer que dans la montagne : des compositions avec du bois et d'autres matières naturelles se marient parfaitement avec le style minimal chic. Vous serez étourdis par la variété des objets et vous aurez du mal à choisir votre souvenir entre vases, bols, bijoux et autres merveilles. Une visite guidée de l'atelier est possible sur demande.

Une oeuvre de l'atelier Fabbrica d'Arte

Les anchois de Monterosso

La Maremme

Face à l'Ile d'Elbe, la Maremme occupe la partie la plus au sud de la Toscane. Ravagée par la malaria jusqu'aux années 50, la région a gardé intact son aspect sauvage et la nature y est souveraine. Terre et mer s'interpénètrent et si la vache et le cheval autochtones font le charme du Parco della Maremma, la réserve naturelle de la Diaccia Botrona est le paradis du birdwatching. Les hauteurs sont parsemées de bourgs et de collines et leurs vestiges étrusques et traditions populaires sont autant de raisons de s'y arrêter.

Hébergements

€€€
B&B
Ville
Palais

ADRESSE Via F. Crispi 9, Grosseto
CONTACT alsognalibro.it 339 7098558
TARIFS 65€/2pers

16 IL SOGNALIBRO
B&B littéraire

A deux pas du centre-ville, ce B&B vous plongera dans une atmosphère romanesque. Dans les trois chambres, silencieuses et confortables, la décoration s'inspire de la littérature et, si vous le souhaitez, un livre surprise vous attendra sous l'oreiller. De cet endroit paisible on apprécie le charme d'un palais historique, les objets de famille, les meubles d'époque et quelques attentions durables comme une jolie lampe éco design. La disponibilité et la courtoisie de Paolo rendront l'ambiance encore plus chaleureuse. Des vélos sont à votre disposition. Et le petit-déjeuner est composé de produits maison ou locaux.

€€€
Appartement
Romantique
Vue

ADRESSE Via Case di Siena, Vetulonia, Castiglione della Pescaia

CONTACT baciarino.com
347 9344943

TARIFS 70€/2pers

17 IL BACIARINO
Un nid d'amour

Tout près de Vetulonia, village réputé pour ses vestiges étrusques, deux jolies maisons en pierre au design éco chic seront votre nid d'amour le temps d'un week-end ou plus. Entourés d'une nature vierge, vous pourrez goûter au silence et contempler des couchers de soleil sublimes. Clelia et Andrea habitent à proximité et seront ravis de vous faire découvrir la côte en bateau ou bien de vous concocter un dîner de poisson absolument mémorable. Les chambres ont du style et sont confortables. Un coin cuisine privé est disponible à l'extérieur.

€€€
B&B
Charme
Collines

ADRESSE Via Osservatorio Astronomico 222, Grosseto

CONTACT athomeinma-remma.it
335 7655208

TARIFS 100€/2pers

18 AT HOME IN MAREMMA
B&B artistique

Grazia et Norbert sont un couple d'artistes et leur B&B vous enchantera. Tout respire le goût du beau, du simple et du naturel : les meubles et les objets récupérés, les tableaux aux murs, un bouquet de fleurs… Les petits-déjeuners ne font pas exception : vous serez gâtés par les biscuits maison, les salades de fruits frais, le yaourt parfumé au miel et même les œufs du poulailler ! Les chambres confortables ont une touche créative et donnent accès au jardin. Selon votre envie, vous pourrez y admirer les collines toscanes ou de superbes nuits étoilées…

Une chambre du B&B At home in Maremma

€€€
Suites
Parc
Agrotourisme

ADRESSE Località Collecchio 38, Magliano in Toscana
CONTACT tenutauccellina.it
0564 597104
TARIFS 120€/2pers

19 TENUTA AGRICOLA DELL'UCCELLINA

Une très belle propriété

Merveilleusement intégrée dans le Parc de la Maremme, cette propriété de 400 hectares comprend un centre équestre, une ferme didactique et un « agriturismo » biologique dont vous pourrez déguster ou acheter le vin, l'huile, et l'excellente viande de vache « maremmana » (travaillée sur place). Vous serez accueillis dans des appartements ou des suites truffés de beaux objets d'artisanat et au confort raffiné. Le domaine offre différents parcours de randonnée jusqu'à la mer ainsi qu'une petite plage privée.

POUR L'ENVIRONNEMENT
Parcours de randonnée au départ de la propriété. Elevage libre de vaches de race « maremmana ». Potager biologique et synergique.

POUR LES EFFORTS SOCIAUX ET CULTURELS
Ferme didactique proposant des activités pour les enfants. Une chambre est accessible aux handicapés. Collaboration avec les guides du Parc.

Un buttero au travail

€€€
Restaurant
Poisson
Lagune

ADRESSE Via G. Leopardi 9, Orbetello
CONTACT ipescatoriorbetello.it
0564 860288

20 I PESCATORI
Du filet à l'assiette

Peu de gens savent qu'il existe une autre lagune que celle de Venise. C'est à Orbetello qu'elle se trouve. Des pêcheurs ont créé une coopérative pour valoriser cet environnement fragile. Tous les jours, ils partent à la pêche et vous proposent ensuite le précieux butin dans leur propre restaurant. Vous pourrez y déjeuner, dîner et même acheter des produits emballés comme des sauces ou des poissons fumés. De belles photos de pêche vous tiendront compagnie à l'intérieur, alors que le paysage de la lagune enchantera vos yeux lors de vos repas sous la véranda ou en terrasse.

€€€
Restaurant
Agrotourisme
Biologique

ADRESSE Strada Provinciale 59 n 29, Alberese, Grosseto
CONTACT ilduchesco.it
338 8462659

21 IL DUCHESCO
Mangez slow (food) et bio !

Cet « agriturismo » bio, écolabellisé depuis 2004, vous propose une cuisine typique de la Maremme, saine et savoureuse. Au menu : le « chapeau du buttero » (sorte d'énorme raviolo avec de la ricotta et des épinards), plusieurs types de viande (vache « maremmana », sanglier ou lapin) et les quatre produits Slow Food de la région, dont le célèbre « sfratto di Pitigliano », un gâteau d'origine juive. Un petit coin boutique vous permettra d'acheter des produits locaux comme du fromage de brebis bio ou des saucisses de sanglier.

POUR L'ENVIRONNEMENT
Les panneaux photovoltaïques et deux pales d'éoliennes fournissent environ 70% de l'électricité. Production de vins bio. Tables extérieures fabriquées à partir de vieux fûts.

POUR LES EFFORTS SOCIAUX ET CULTURELS
Soutien à un projet visant à planter une forêt au Costa Rica. Restaurant Slow Food.

€€€
Restaurant
Agrotourisme
Appétissant

ADRESSE Strada Provinciale 40 La Trappola n. 39, Grosseto
CONTACT gliattortellati.com
0564 400059

22 GLI ATTORTELLATI
Restaurant rural

Si vous avez faim, vous êtes au bon endroit ! Les portions délicieuses et généreuses de ce restaurant familial vous combleront à tous les égards. Une cuisine typique, préparée de manière traditionnelle avec les produits bio de l'exploitation (viandes, fruits et légumes) vous permettra de vous faire une bonne idée de la Maremme en 4 entrées, 2 « primi », 1 « secondo », 1 accompagnement et 1 dessert. Ce restaurant propose en effet une formule unique très appétissante à 28€. N'espérez pas résister à la tentation…

€€€
Restaurant
Élégant
Poisson

ADRESSE Via Porta Garibaldi 1/5, Talamone, Grosseto
CONTACT 0564 887067

23 LA BUCA
Fin et raffiné

Dans le joli village de Talamone, porte d'entrée sud du Parc de la Maremme, cet excellent restaurant de poisson vous accueille dans un cadre intime et élégant. Le chef, au talent indiscutable, ravira vos papilles avec des plats succulents et originaux. Les « pici alla pescatora » (pâtes fraîches toscanes) et la friture sont incontournables, tout comme les entrées, joliment présentées dans des coquillages. Le service, cordial et discret, est tout aussi impeccable. Le poisson servi est italien, en partie local. Une formule street food à 10€ est disponible le midi de mai à octobre.

La pêche dans la lagune d'Orbetello

€€€
Rencontre
Chevaux
Traditions

ADRESSE Via Strada del mare 25/27, Località La Spergolaia, Alberese, Grosseto
CONTACT 0564 407100
TARIFS 25€/pers

24 CENTRO AZIENDALE DI SPERGOLAIA
A la rencontre des « butteri »

Tous les mercredis matin de 10h à 12h, vivez en immersion avec les « butteri », les célèbres cow boys de la Maremme. Depuis 200 ans, ils gardent les troupeaux de bœufs et de chevaux de race « maremmana », élevés en liberté dans le Parc homonyme. Vous visiterez d'abord des bâtiments ruraux historiques, dont l'écurie, et ensuite vous pourrez vous entretenir avec les « butteri » en personne, de retour de leur travail. Votre matinée se terminera par une dégustation de produits bio de la Tenuta di Alberese, venant de la plus grande région de production bio du monde (Terre di Toscana). Réservation obligatoire.

€€€
Randonnée
Nature
Culture

CONTACT 328 4211416
TARIFS 60€/demi-journée

25 NUNZIO D'APOLITO
Randonner en Maremme

Nunzio est un grand connaisseur de la Maremme. Amoureux de la nature, il est « guida ambientale » et sera ravi de vous montrer cette région aux multiples facettes : sa flore et sa faune particulières, son histoire et ses traditions. Il vous accompagnera où vous voudrez, sur le Mont Amiata, dans les zones humides du Parc ou dans la presqu'île de l'Argentario. Il vous parlera de charbonniers, mais aussi de jardins artistiques, de vols transatlantiques et de chants populaires...

POUR L'ENVIRONNEMENT
Participation à différents projets pour la conservation de la nature (loup, tortue marine, lis maritime, etc.).

POUR LES EFFORTS SOCIAUX ET CULTURELS
Collaboration avec le Parc de la Maremme et avec l'antenne locale de Legambiente. Initiatives de sensibilisation au respect de l'environnement.

€€€
Tour
Bateau
Pêche

ADRESSE Bateau « Sirena », Port de Talamone, Grosseto
CONTACT paoloilpesca-tore.it
333 2846199
TARIFS 50€/pers

26 PAOLO FANCIULLI PESCATURISMO
Bonne pêche !

Paolo est à la fois un pêcheur et un défenseur farouche de l'environnement. Depuis les années 80, il sillonne la mer de la Maremme et se bat pour sa sauvegarde. A bord de son bateau « Sirena », il offre la possibilité de découvrir les anciennes techniques de pêche et surtout de profiter des paysages sublimes de la côte, de ses grottes, de ses falaises et de sa végétation endémique. Les tours durent une demi-journée ou une journée et peuvent comprendre également un déjeuner à bord avec le poisson du jour, ou plutôt du moment !

POUR L'ENVIRONNEMENT
Actions pour renforcer les mesures contre la pêche criminelle.

POUR LES EFFORTS SOCIAUX ET CULTURELS
Transmission de techniques de pêche traditionnelles à travers l'activité touristique. Promoteur d'un consortium de petits pêcheurs pour faire pression sur les autorités.

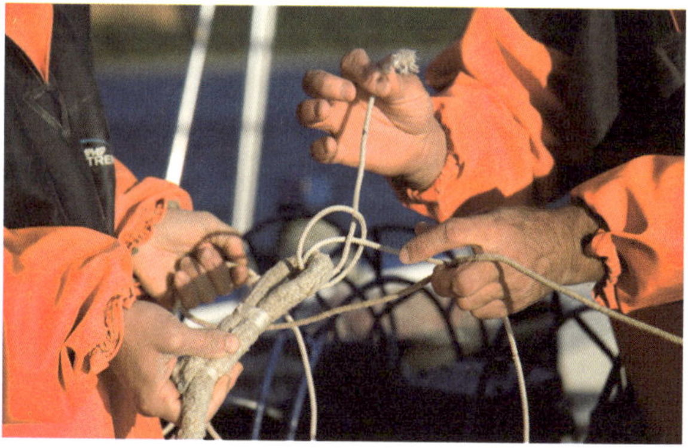

Apprendre à faire un noeud avec Paolo Fanciulli

€€€
Village
Histoire
Sentiers

ADRESSE Talamone, Grosseto

27 BOURG DE TALAMONE
Entre terre et mer

Joliment posé entre terre et mer, le village de Talamone est une petite perle cachée. Face à l'archipel toscan et notamment aux îles Giglio, Montecristo et Elba, son histoire rappelle à la fois le Moyen-Age et le Risorgimento. En effet, c'est là que séjourna Garibaldi lors de son expédition vers Rome. La vue sur la mer du haut du village est magnifique et les eaux cristallines de la petite plage invitent à la baignade. Si vous préférez randonner à l'ombre, vous n'avez qu'à emprunter l'un des nombreux sentiers du Parc.

€€€
Plage
Vélo
Pinède

ADRESSE Alberese, Grosseto

28 MARINA DI ALBERESE
Pédaler vers la plage

Pour accéder à cette plage, à l'intérieur du Parc de la Maremme, le vélo est fortement recommandé, entre autres pour des raisons budgétaires (le parking est très cher en été). Vous pourrez louer votre vélo à Alberese (0564 407098) et ensuite parcourir la piste cyclable qui mène jusqu'à la mer (8 km), sous le regard des chevaux et des vaches « maremmane » qui pâturent tout autour. Les eaux claires et le sable fin rivaliseront d'intérêt avec les nombreux itinéraires cyclables à travers la pinède. Ne ratez surtout pas le coucher de soleil !

La plage de la Marina di Alberese

€€€
Vélo
Nature
Glacier

ADRESSE Grosseto

29 PISTE CYCLABLE GROSSETO-CASTIGLIONE

Randonnée à vélo

Ce parcours de 20 km, sans dénivelé particulier, vous permettra de rejoindre à vélo la jolie ville de Castiglione della Pescaia depuis Grosseto. Un premier trajet vous conduira de la gare ferroviaire à la plage de Grosseto (Marina) en passant par le vélodrome. Vous pourrez alors faire une pause gourmande chez le glacier artisanal « La Chiccheria ». Ensuite, vous poursuivrez vers le nord et traverserez une pinède. Les eaux claires de Castiglione seront votre récompense. N'oubliez pas de monter jusqu'au château pour admirer le panorama !

Battez tous les records !

- ✓ *Mangez un bifteck de 500 gr.*
- ✓ *Montez plus de 2 000 marches*
- ✓ *Goûtez tous les parfums d'un glacier artisanal*
- ✓ *Apprenez le nom de toutes les boissons à base de café*
- ✓ *Priez dans toutes les églises*

TOSCANE ET OMBRIE

Traditionnellement rattachées au centre de l'Italie, la Toscane et l'Ombrie sont la quintessence de cet art de vivre à l'italienne, où l'art, l'Histoire, la beauté du paysage et les traditions cohabitent en harmonie. Florence et Pérouse enchanteront jeunes et moins jeunes et des collines idylliques formeront la toile de fond pour votre farniente ou pour vos randonnées à pied ou à vélo. Il y a aussi la nature sauvage de la Garfagnana tout comme celle de l'Ombrie secrète, ou encore les montagnes majestueuses de la Haute Versilia et le Parc National des Monts Sibillini. Prenez le temps d'arpenter les ruelles d'un bourg perdu ou de pousser la porte d'une église de campagne, vous en serez étonnés. L'artisanat florissant, l'hospitalité des habitants et la nourriture succulente seront autant d'occasions d'émerveillement.

Les 5 meilleures adresses en Toscane et Ombrie

- ✓ Laissez-vous tenter par un objet d'artisanat à Lo Scrittoio
- ✓ Découvrez des photos de plus de 100 ans chez Alinari
- ✓ Offrez-vous un dîner mémorable chez Sotto la loggia
- ✓ Partagez une « bruschetta » en amitié à San Potente
- ✓ Explorez la nature de l'Ombrie avec Trekking in Umbria

L'art de la Renaissance

Traditions populaires

L'or vert de l'Ombrie

Piacenza
Parma
Reggio Emilia
Modena
Ferrara
Bologna
Parco Nazionale dell'Appennino Tosco
Parco Naturale Regionale dell'Aveto
12
Pieve Fosciana
San Romano in Garfagnana
17
13
Giuncugnano
Careggine
20
La Spezia
Vagli di Sotto
Castelnuovo di Garfagnana
11
14
19
Vergemoli
15
Massa
Pruno di Stazzema
Parco Nazionale Forest Casentines
Stazzema
16
21
Viareggio
Lucca
Firenze
1
2
3
4
6
7
8
9
Livorno
Mer Méditerranée
Siena
Piombino
Magliano in Toscana
Castiglione della Pescaia
Grosseto
Isola d'Elba
Corse
Talamone
Orbetello
N
0
20 km
Montaldo di Castro

Rivières
Routes principales
Routes secondaires
40 Hébergements
39 Restaurants
43 Shopping
15 Activités
19 C'est gratuit
Rovigo
Parco del Delta del Po
Mer Adriatique
Ravenna
Forli
Cattolica
SAN MARINO
Ancona
Portonovo
Offagna
Sirolo
Camerano
Numana
Recanati
Arezzo
Città di Castello
Gubbio
25
Perugia
23
27
33
34
Assisi
29
32
Rasiglia di Foligno
22
28
Foligno
Montefalco
26
30
Ascoli Piceno
Norcia
35
Baschi
24
Guardea
Terni
Parco Nazionale del Gran Sasso e Monti della Laga
Orte
Vieterbo
Rieti

Florence

Etant donné ses dimensions réduites, Florence se laisse parcourir très facilement à pied ou à vélo. Ses cours dérobées vous appellent avec discrétion, alors que tout près, la vie palpite dans les cafés tendance. L'Arno est un hymne à la flânerie, alors que les collines autour vous poussent à la rêverie. L'art est partout et l'Histoire emplit chaque chose. Que ce soit dans la nature, l'architecture, la cuisine ou l'artisanat, tout respire la beauté et la tradition. « Benvenuti a Firenze, oppure bentornati ! »

Hébergements

€€€
B&B
Calme
Charmant

ADRESSE Via Lambruschini 39, Firenze
CONTACT soggiornostibbert.com
055 4625052
TARIFS 80€/2pers

01 RELAIS FIRENZE STIBBERT
Un B&B paisible

Dans une zone résidentielle calme et verte, ce B&B vous accueille dans un palais du 19ème siècle à l'atmosphère paisible. Les sept chambres sont joliment décorées et disposent toutes d'une salle de bain privative. L'une d'entre elles est dotée d'une terrasse. Les petits-déjeuners prévoient un menu sucré et salé, à base de produits bio ou faits maison. Parmi les autres attentions : des savons bio, un frigo partagé et un coin tisanes dans chaque chambre. L'ambiance familiale vous convaincra définitivement de la qualité de cette adresse.

Une chambre du B&B Leopoldo

02 B&B LEOPOLDO
Frais et moderne

€€€
B&B
Confort
Tisanes

ADRESSE Via Fabbroni 78, Firenze
CONTACT leopoldo-house.it
055 3841202
TARIFS 75€/2pers

Moderne et confortable, ce B&B vous transmettra d'emblée une agréable sensation de bien-être, notamment grâce à la fraîcheur de sa décoration à la tendance design. Les chambres sont accueillantes et très bien isolées. Certaines donnent sur la rue, d'autres sur une jolie cour arborée. Le matin, vous serez accueillis par le parfum des gâteaux maison et des croissants frais et le soir vous pourrez disposer de la cuisine partagée. Un espace commun avec un petit bureau, un coin tisanes et des informations touristiques complètent agréablement le tableau.

Restaurants

03 BRAC
Librairie avec cuisine

€€€
Restaurant
Végétarien
Librairie

ADRESSE Via dei Vagellai 18r, Firenze
CONTACT libreriabrac.net
055 0944877

L'art contemporain inspire cette librairie qui accueille un restaurant végétarien et végétalien. Une ambiance green règne dans les deux salles, reliées par une cour intérieure plantée et abritée par une belle installation artistique. Les plats sont préparés sur le moment, les pâtes sont faites maison et les vins sont majoritairement bio. Un plat unique à 12€ vous permettra de savourer une salade ou un carpaccio avec un plat de pâtes ou de riz. Des événements culturels sont organisés régulièrement.

Bon appétit chez Brac !

€€€
Café
Brunch
Animé

ADRESSE Via dei Neri 32r, Firenze
CONTACT dittaartigianale.it
055 2741541

04 DITTA ARTIGIANALE
Les virtuoses du café

Bienvenue au temple du café ! Francesco et ses collaborateurs sont de vrais champions, diplôme à l'appui. Leurs mélanges sont d'une qualité sans concession : chaque année, ils partent en voyage pour s'approvisionner directement auprès de petits producteurs. Les photos accrochées aux murs en sont bien la preuve ! La technique est aussi très pointue et le résultat extraordinaire : une saveur tout sauf banale, légèrement sucrée (la consommation de sucre est divisée par deux). Il faut boire pour y croire…

€€€
Bistrot
Jardin
Végétalien

ADRESSE Borgo degli Albizi 54r, Firenze
CONTACT misodiriso.it
055 2654094

05 MISO DI RISO
Mangez sain !

Mi-café mi-jardin, cet endroit vous donnera l'impression d'être dans une serre, au milieu de ses tables en fer et de sa jolie cour envahie de plantes. La cuisine est saine et satisfait toutes les exigences : végétariens, végétaliens, crudistes, etc. Les produits sont bio ou issus du commerce équitable, le café est moulu sur le moment et le pain levé naturellement. De jolies lampes colorées réchauffent l'ambiance et, si elles vous plaisent, vous pourrez les acheter, ainsi que tous les autres meubles et objets de décoration, assiettes comprises !

POUR L'ENVIRONNEMENT
100% d'énergie renouvelable. Récolte des eaux de pluie. Fleurs et plantes sur les tables. Pas de téflon dans la cuisine.

POUR LES EFFORTS SOCIAUX ET CULTURELS
Promotion de projets concernant l'environnement et la santé. Le lieu accueille des conférences sur la santé et des expositions d'art.

€€€
Balade
Vélo
Campagne

ADRESSE Via Ghibellina 133r, Firenze
CONTACT tuscanycycle.com
055 289681
TARIFS 15€/journée

06 TUSCANY CYCLE
Florence à vélo

Ouvert tous les jours, ce loueur de vélos vous permettra de vous balader à Florence. La location est simple et les prix raisonnables. Une jeune équipe vous aidera à construire votre itinéraire, si vous le souhaitez. Vous flânerez librement le long de l'Arno ou bien vous aventurerez dans des zones périphériques, mais tout aussi charmantes. Des tours accompagnés dans la ville sont organisés pour quelques euros de plus, ainsi que des tours thématiques (vin, aventure, nature) à la découverte de la campagne toscane.

€€€
Photographie
Histoire
Visite

ADRESSE Largo Alinari 15, Firenze
CONTACT alinariarchives.it
055 2395218
TARIFS 100€/visite

07 ARCHIVI ALINARI
L'histoire vivante de la photographie

C'est dans ce laboratoire photographique qu'à partir de 1863 les frères Alinari ont documenté l'histoire de l'Italie et c'est là qu'encore aujourd'hui on développe des photos à partir de ces mêmes négatifs. Pendant 1h15, vous plongerez dans une autre époque et visiterez les lieux tels qu'ils étaient autrefois. Vous verrez encore la chambre obscure avec les pinces accrochées aux fils, les négatifs sur verre scrupuleusement posés dans leurs boîtes en bois, les albums, y compris ceux de papes et de souverains... A visiter aussi, la salle de digitalisation et de conservation. Enfin, quel bonheur de pouvoir acheter une photo Alinari dans la belle boutique juste à côté.

L'entrée du laboratoire Alinari en 1900

€€€
Café
Cinéma
Culture

ADRESSE Piazza delle Murate, Firenze
CONTACT lemurate.it
055 2346872

08 LE MURATE
Culture libre

A la fois café et espace culturel avec une petite salle cinématographique, Le Murate est avant tout un lieu de sociabilité. On y va pour boire un verre, lire, discuter, surfer sur Internet, mais aussi pour découvrir la richesse de sa programmation culturelle. Des concerts, des rencontres, des expositions et des projections s'y tiennent régulièrement et tout le monde y est le bienvenu. La décoration, faite d'objets récupérés reflète à merveille l'ambiance décontractée.

Le Ponte Vecchio

La vue depuis le clocher

€€€
Artisanal
Carnets
Papier

ADRESSE Via Nazionale 126r, Firenze
CONTACT loscrittoio.biz
055 2670380

09 LO SCRITTOIO
L'art de la reliure

La famille Bardazzi est dans le métier de la reliure depuis 35 ans. Leurs produits sont le résultat d'un savoir-faire artisanal combiné à un goût prononcé pour l'art et à une habileté manuelle remarquable. Vous serez ravis par les papiers colorés typiquement florentins, les carnets en cuir décorés en relief, ou encore les boîtes et les marque-pages. Tout est fait à la main et vous pourrez voir Andrea et sa famille travailler dans l'arrière-boutique. Une adresse incontournable pour les amateurs de belles choses !

POUR L'ENVIRONNEMENT
Teintures naturelles à base d'eau. Pas de produits chimiques dans le travail du cuir.

POUR LES EFFORTS SOCIAUX ET CULTURELS
Transmission d'un savoir-faire artisanal qui a fait la réputation de la ville. Les cuirs sont produits en Toscane.

€€€
Visites
Rencontres
Potagers

ADRESSE Via dell'Agnolo 1c, Firenze
CONTACT sportelloe-coequo.comune.firenze.it
055 587706

10 ORTO VOLANTE
Potagers urbains

Voici une belle initiative de la Mairie de Florence : des visites guidées gratuites dans les potagers urbains de la ville. Vous pourrez à la fois découvrir des lieux peu touristiques et en savoir plus sur les différentes techniques agricoles : permaculture, potager synergique, etc. Le projet est réalisé en collaboration avec plusieurs associations, dont Slow Food, WWF et Legambiente et un calendrier des sorties est mis à jour à peu près tous les trois mois. Pour plus d'informations, consulter le site Internet à la rubrique « Orto Volante ».

Garfagnana et Haute Versilia

Peu de gens savent que la Toscane comprend un territoire montagneux traversé par les Alpes (Alpes Apuanes) ! Il s'agit de la région au nord de Lucques, entre la mer et les Apennins. Terre de passage de pèlerins depuis l'Antiquité, ses bois appellent à la randonnée, alors que ses petits lacs invitent à la détente. Le marbre est le moteur de l'économie locale et la châtaigne est la marque la plus évidente d'un terroir généreux. Les fêtes populaires sont un moment privilégié pour découvrir ses nombreuses richesses.

Hébergements

€€€
Agrotourisme
Chambres
Appartements

ADRESSE Località Murella di Sotto 338a, Castelnuovo di Garfagnana
CONTACT agriturismo-venturo.com 0583 65605
TARIFS 80€/2pers

11 AGRITURISMO VENTURO
L'agrotourisme, le vrai !

Dans un « agriturismo » de 50 hectares produisant entre autres de l'épeautre, des haricots, des légumes et, bien sûr, de la farine de châtaigne, vous serez confortablement accueillis dans l'une des 7 chambres ou dans l'un des 6 appartements. Les meubles en bois sont magnifiques. Au petit-déjeuner, vous pourrez déguster les nombreuses spécialités produites sur place ou dans les environs, y compris du pollen. Même chose pour le restaurant. Les biscuits à la farine de châtaigne ont reçu un prix lors d'une fête gastronomique locale.

POUR L'ENVIRONNEMENT
Panneaux photovoltaïques et solaires. Chauffage au bois. Lumières avec détecteur de mouvement dans le restaurant.

POUR LES EFFORTS SOCIAUX ET CULTURELS
Exposition permanente de miniatures et de sculptures en bouteille réalisées par le père de la propriétaire.

12 IL COLLETTINO
Quelle vue !

€€€
Agrotourisme
Appartement
Charme

ADRESSE Località Collettino 8, Sillico, Pieve Fosciana
CONTACT collettino.it
340 9894618
0583662144
TARIFS 110€/2pers

Dans cet « agriturismo », Bruno et Nada élèvent des animaux et produisent du fromage de brebis et de la farine de châtaigne. Ils offrent aussi l'hospitalité dans un appartement très spacieux et lumineux avec deux chambres modernes et confortables. Un jardin offre une vue sublime sur la vallée et la piscine est un atout indéniable en été. Au printemps, vous pourrez demander à assister à la transhumance, alors qu'en automne et en hiver vous pourrez voir comment on sèche les châtaignes ou comment on travaille la viande de porc. Attention : location à la semaine uniquement.

POUR L'ENVIRONNEMENT
Panneaux photovoltaïques. Chauffage au bois. Récupération des matériaux d'origine pendant les travaux de rénovation.

POUR LES EFFORTS SOCIAUX ET CULTURELS
Collaboration avec la « Comunità Montana » (entité valorisant les zones de montagne) pour la réintroduction de la race ovine « pecora garfagnina » (brebis de Garfagnana). Partage des traditions rurales.

Fromage et châtaignes

13 AGRITURISMO IL GRILLO
Cuisine km 0

€€€
Restaurant
Viande
Km 0

ADRESSE Via Tenente S. Lori 2, Giuncugnano
CONTACT agriturismoil-grillo.jimdo.com
0583 1805603

Situé dans un joli bourg médiéval, ce restaurant propose une cuisine locale de très haute qualité. Les produits proviennent à 80% de l'exploitation agricole du propriétaire, Stefano, qui est aussi le chef. Ainsi, vous ne trouverez ni coca ni parmesan, mais de la bière artisanale et du fromage de brebis. Vous ne trouverez pas non plus du riz, mais de l'épeautre. La « tagliata » (côte de bœuf coupée en lamelles) est un must. Après le repas, vous pourrez vous allonger sur la pelouse en face ou bien faire une petite randonnée sur le Monte Argegna (40 min). N'oubliez pas de faire un tour dans la petite boutique avant de partir.

POUR L'ENVIRONNEMENT
« Agriturismo » bio : élevage de bœufs et production de légumes, fruits, épeautre, pommes de terre, blé, châtaignes... Utilisation majoritaire des produits de l'exploitation dans le restaurant (environ 80%).

14 VECCHIO MULINO
Charme rustique

€€€
Restaurant
Terroir
Dégustation

ADRESSE Via V. Emanuele 12, Castelnuovo di Garfagnana
CONTACT vecchiomu-lino.info
0583 62192

Si vous souhaitez goûter ou vous approvisionner en spécialités de la région, cet endroit est incontournable. Idéal pour un repas rapide, mais ô combien savoureux, vous y trouverez du jambon et de la mortadelle coupés à la main, des tartes salées, des fromages, des confitures et tout ce que le terroir offre de mieux. Sans oublier les vins, dont le choix est immense. Andrea est enthousiaste et il partagera volontiers ses connaissances avec vous. Dégustations à 10€. Fermeture à 20h le soir.

€€€
Restaurant
Terrasse
Calme

ADRESSE Strada Povinciale 39, Eremo di Calomini, Vergemoli
CONTACT eremocalomini.it
347 0674710

15 TRATTORIA DELL'EREMITA
Calme et beauté

Tout près d'un ermitage, face à une nature majestueuse, cet « agriturismo » vous offre paix et beauté. Le restaurant propose des plats simples et savoureux, basés sur les produits de l'exploitation : œufs, légumes, poulet fermier, ainsi que la spécialité de la maison, la truite. Vous pourrez la déguster en carpaccio, grillée, fumée, frite ou au four et vous pourrez entrevoir aussi le lac où elle est élevée. Aux beaux jours, vous pourrez manger sur la belle terrasse panoramique. Un double régal !

POUR L'ENVIRONNEMENT
Chauffage au bois. Panneaux solaires et photovoltaïques. Bonne isolation thermique. Structure recommandée par le Parc des Alpes Apuanes.

Randonner sur les Alpes Apuanes

€€€
Restaurant
Intime
Charme

ADRESSE Via Cadorna 94, Pomezzana, Stazzema
CONTACT ristorantesottolaloggia.it
0584 777839

16 SOTTO LA LOGGIA
Buonissimo !

Dans ce beau restaurant, vous serez accueillis chaleureusement par Moreno et sa famille. Une cuisine de très haut niveau ravira vos papilles du début à la fin. Le terroir est à l'honneur : « tordelli » (raviolis farcis de viande), « tagliolini » aux haricots et gâteau à la farine de châtaigne entre autres spécialités. L'exploitation agricole familiale fournit les légumes et les châtaignes. Le cadre, intime et raffiné, est rendu encore plus chaleureux par la présence d'une cheminée dans chaque salle. Parfait pour un dîner romantique !

POUR L'ENVIRONNEMENT
Rénovation d'un ancien palais en récupérant les matériaux d'origine (cheminées, poutres en bois, sol en « cotto » poli à la main).

POUR LES EFFORTS SOCIAUX ET CULTURELS
Parcours didactique pour les enfants dans l'exploitation agricole (panneaux explicatifs concernant la filière de la châtaigne, les animaux du bois et la production de charbon).

Activités

€€€
Fromages
Dégustation
Visite

ADRESSE Via dell'Orecchiella 1, Vibbiana, S. Romano in Garfagnana
CONTACT caseificiomarovelli.com
333 8818072
TARIFS 20€/pers

17 CASEIFICIO MAROVELLI
Du lait au fromage

Depuis 50 ans, la tradition se poursuit dans ce laboratoire familial. Des fromages de la plus haute qualité y sont produits grâce au lait apporté par les fermiers de la région. Tous les jours à partir de 9 heures, vous pourrez assister et même participer à la production de « caciotta », « bagiolo », yaourt, mozzarella, fromages de brebis et de chèvre et, bien sûr, de ricotta. Ensuite, vous pourrez déguster toute la gamme et apprécier les différents parfums : nature, châtaigne, sambucus, olivier. Il y a même des fromages qui sont imbibés dans du marc de raisin ! Réservation obligatoire.

€€€
Randonnées
Guide
Traditions

CONTACT 328 5466997
TARIFS 30€/pers

18 LAURA BENEDETTI
Immergez-vous dans la culture locale !

Grande connaisseuse et amoureuse de la montagne, Laura vous accompagnera dans vos randonnées et vous fera découvrir les spécificités de sa région : sa flore, sa faune, ses fêtes populaires et ses légendes, mais aussi ses traditions agricoles, en particulier la filière de la châtaigne, sans oublier l'activité économique du marbre. Les itinéraires vous permettront également de goûter à la cuisine locale lors d'un pique-nique à base des produits de l'exploitation familiale, dont un pain aux pommes de terre ou à la farine de châtaigne absolument délicieux.

POUR L'ENVIRONNEMENT
A la fois « guida ambientale » et guide du Parc des Alpes Apuanes. Collaboration avec Legambiente et synergie avec les administrations communales pour la valorisation des traditions locales. Organisation de journées de sensibilisation écologique (déchets, pollution).

C'est gratuit

€€€
Panorama
Détente
Randonnée

ADRESSE Località Campocatino, Vagli di Sotto

19 CAMPOCATINO
Une vue splendide

A 1 200 mètres d'altitude, ce lieu offre un panorama enchanteur sur les Alpes Apuanes et sur le lac artificiel de Vagli, le plus grand de la Toscane. C'est aussi un lieu riche d'une histoire pastorale. En effet, les bergers venaient ici avec leurs troupeaux pendant l'été et faisaient pousser toutes sortes de cultures. Les jolies maisons en pierre et les terrains aménagés en terrasses témoignent encore de cette époque. Dans le café, n'oubliez pas de demander les clés de l'ermitage de S. Viviano, auquel vous pourrez accéder au bout d'une petite heure de marche.

Le village de Campocatino

€€€
Lac
Détente
Histoire

ADRESSE Località Isola Santa, Careggine

20 ISOLA SANTA
Détente au bord du lac

Cet endroit pittoresque, rempli de silence et de beauté, est une vraie perle cachée dans la végétation luxuriante de la Garfagnana. Le bourg date du 11ème siècle et était une halte importante du chemin vers la mer. Un petit lac artificiel avec sa couleur émeraude invite au repos des yeux et de l'esprit. Aux beaux jours, vous y verrez des amateurs de pêche en quête de la précieuse truite « Fario Mediterranea ». Vous pouvez aussi faire une petite promenade d'une quarantaine de minutes jusqu'à la source du fleuve Turrite Secca.

€€€
Culture
Marbre
Voiture

ADRESSE Srada Provinciale 10, Località Tre Fiumi, Stazzema

21 ROUTE DES CARRIERES DE MARBRE
Un paysage impressionnant

Le long de la route SP10 qui relie la Garfagnana à la Haute Versilia et se poursuit ensuite jusqu'à la mer, une vision lunaire vous apparaîtra soudain. Vous verrez que le paysage change radicalement et que la végétation cède le pas à la pierre nue. Bienvenue au royaume des carrières de marbre ! Dans la localité « Tre Fiumi », vous pourrez voir un site désormais inexploité qui a appartenu à un Français nommé Henraux. D'autres sites sont toujours en activité, ce qui ne manque pas de soulever de vives polémiques. De quoi s'interroger face à ce spectacle majestueux…

Ombrie

Appelée le « cœur vert de l'Italie », l'Ombrie se trouve à mi-chemin entre Florence et Rome. Expression par excellence d'un slow tourisme, la région offre calme et beauté et un style de vie au plus près de la nature. Ses églises sont autant de trésors artistiques, ses bourgs et ses fêtes transportent au Moyen-Age et son artisanat est encore très vivant. La jovialité de ses habitants se reflète à merveille dans sa cuisine succulente, parfumée à l'huile d'olive et arrosée de vins excellents. Sans oublier la truffe !

Hébergements

€€€
Appartement
Château
Pittoresque

ADRESSE Via del Bosco 2a, Rasiglia, Foligno

CONTACT sanpotente.it/residence-menotre
335 1264096

TARIFS 50€/2pers

22 RESIDENCE MENOTRE
Un havre de paix

Dans un village très pittoresque traversé par un fleuve, cette ancienne tour du 15ème siècle vous accueille dans trois appartements soignés et confortables. Tout autour, goûtez au rythme paisible d'un village au beau milieu des collines et à une nature sauvage, explorable à pied ou à vélo. A votre arrivée, vous trouverez un gâteau maison et l'huile d'olive AOP familiale. Paolo vous conseillera de nombreux itinéraires et Luciana sera ravie de vous montrer son atelier de tissage à la main, à deux pas de la maison.

POUR L'ENVIRONNEMENT
Collaboration avec un guide de randonnée et un loueur de vélos pour des balades accompagnées ou non.

POUR LES EFFORTS SOCIAUX ET CULTURELS
Collaboration avec une association locale et participation à l'organisation des fêtes du village. Transmission des savoir-faire familiaux (huile et tissage).

€€€
B&B
Charme
Bio

ADRESSE Via San Giacomo 5, Perugia
CONTACT dellamandorla.it
347 8380238
TARIFS 60€/2pers

23 B&B DELLA MANDORLA
Charmant et bio

Dans un palais historique du centre-ville de Pérouse, ce B&B offre une chambre charmante et confortable avec une vue magnifique sur les toits de la ville. Tout ce que vous voyez est autoproduit avec des matériaux naturels. Matteo est un menuisier créatif et doué et Lucia une prof de danse passionnée de bio. Ses petits-déjeuners sont délicieux et copieux : jus de fruits bio, lait et yaourts locaux, mueslis, miel de la maison, tartes et biscuits végétaliens…

POUR L'ENVIRONNEMENT
Membre AIC (Associazione Italiana Celiachia). Economie d'eau dans les toilettes. Plantes et terreau bio.

€€€
B&B
Appartement
Écologique

ADRESSE Località Inano, Frazione Frattuccia, Guardea
CONTACT per.umbria.it
0744 988050
TARIFS 90€/2pers

24 PER
100% durable !

Ce n'est pas pour rien que PeR signifie Parc des Energies Renouvelables car la structure est complètement indépendante du point de vue électrique, thermique et hydrique. C'est aussi un agrotourisme, une ferme didactique et un centre de formation à la question environnementale. Dans une zone très préservée, vous serez accueillis dans 8 chambres modernes et spacieuses ou bien dans la surprenante « maison passive », complètement déconnectée du réseau urbain. Tout est écologique ici : les petits-déjeuners maison, les matelas bio, même les sèche-cheveux, qui ont été modifiés pour consommer 50% d'énergie en moins.

POUR L'ENVIRONNEMENT
Récolte des eaux de pluie. Chauffage à biomasse. Production d'un type de fève labellisé Slow Food (« fava cottora »). Projet de permaculture. Cours de recyclage.

POUR LES EFFORTS SOCIAUX ET CULTURELS
Collaboration avec des écoles et des universités. Organisation de visites guidées. Livres en italien et en anglais sur la philosophie durable.

€€€
Chambres Agrotourisme Biologique

ADRESSE Località Caresto 21, Carbonesca, Gubbio
CONTACT agriturismo-carestogubbio.it
333 2141885
TARIFS 70€/2pers

25 CARESTO
Simple et beau

Dans cette maison en pierre restaurée avec soin et avec des matériaux d'origine, vous serez reçus chaleureusement par Myriam et Luigi. Les 4 chambres sont accueillantes et révèlent une délicieuse touche artistique. Le matin, vous aurez hâte de retrouver le pain maison et les confitures bio de Myriam (ne ratez surtout pas celle à la cornouille !), ainsi que le lait bio local. La vue sur les collines est splendide et la belle terrasse panoramique invite à la détente.

POUR L'ENVIRONNEMENT
Agrotourisme bio. Chauffage au bois. Projet de récupération d'une ancienne variété de poirier. Armoires et lampes réalisées par Myriam. Poutres traitées naturellement. Un senseur éteint automatiquement les lumières.

POUR LES EFFORTS SOCIAUX ET CULTURELS
Organisation d'ateliers créatifs : céramique, sculpture, peinture, etc. Livres et jeux pour enfants en italien et en français.

Rencontrez des personnages prodigieux !

- ✓ *Visitez le musée de Léonard de Vinci à Florence*
- ✓ *Admirez Michel-Ange aux Offices*
- ✓ *Rencontrez Fernando Botero à Pietrasanta*
- ✓ *Contemplez Giotto à Assise*
- ✓ *Percevez la présence de Saint-François aux Carceri*

€€€
Restaurant
Convivial
Qualité

ADRESSE Via Adriatica, Località Casermette, Colfiorito, Foligno
CONTACT 349 3440350

26 LA BOTTEGUCCIA DEI VECCHI SAPORI
Convivialité ombrienne

Voici un endroit rare, où la simplicité acquiert ses lettres de noblesse. Une « osteria » comme il n'y en a plus, à l'atmosphère informelle et conviviale. Le terroir est à l'honneur, avec la charcuterie, les lentilles et la truffe entre autres spécialités. Les portions et les vins sont servis avec abondance et jovialité. L'effort des propriétaires est d'autant plus louable que le restaurant se trouve dans un village lourdement sinistré par le tremblement de terre de 1997.

€€€
Restaurant
Centre-ville
Typique

ADRESSE Via dei Priori 39, Perugia
CONTACT osteriaa-priori.it
075 5727098

27 OSTERIA A PRIORI
Une très bonne cuisine locale

Ce restaurant vous permettra de savourer les spécialités de l'Ombrie, comme par exemple la « panzanella », plat typiquement estival avec de la salade, des crudités et du pain, une délicieuse omelette à la truffe ou encore la « torta al testo », sorte de fougasse locale. Le cadre est accueillant et raffiné et le service professionnel. Avant de partir, vous pourrez vous arrêter dans la petite boutique, bien fournie en vins et bières artisanales ainsi qu'en produits du terroir, dont les six appellations Slow Food de la région.

Une bruschetta à San Potente

28 SCACCIADIAVOLI
Dégustation de vins

€€€
Dégustation
Vin
Visite

ADRESSE Località Cantinone, Montefalco
CONTACT scacciadiavoli.it
0742 371210
TARIFS 15€/pers

Dans une très belle région viticole, ce domaine vous invite à une petite halte gourmande. Liù, une vigneronne passionnée, vous racontera l'histoire du lieu et vous expliquera toutes les phases de production, du broyage à l'embouteillage. Tradition et savoir-faire accompagnent chaque étape aboutissant à un résultat remarquable : sept vins, chacun avec sa personnalité, que vous pourrez déguster avec de la charcuterie et des fromages locaux. Le meilleur pour la fin : le « Sagrantino passito » est l'élixir de la maison.

29 SAN POTENTE AGRITURISMO
Tous les parfums de l'huile

€€€
Dégustation
Huile d'olive
Assise

ADRESSE Via di Mezzo 11, Assisi
CONTACT sanpotente.it/olio/assaggio
335 1264096
TARIFS 20€/pers

Dans un domaine tout près d'Assise, avec des oliviers à perte de vue, Corinna vous initiera aux parfums de l'huile d'olive. Dégustatrice certifiée, elle sera ravie de vous accompagner dans l'oliveraie et de partager avec vous son amour pour la terre. Vous verrez ses yeux briller de passion et comprendrez alors toute la qualité de cette huile, récompensée par le label AOP d'Ombrie. Une table de dégustation bien fournie avec des « bruschette » et autres spécialités prolongera votre visite en toute convivialité.

POUR L'ENVIRONNEMENT
Aucun produit chimique n'est utilisé dans la culture de l'oliveraie. Analyses régulières du sol. Cueillette manuelle. Collaboration avec l'association ASSOPROL pour la valorisation de la production oléicole régionale.

POUR LES EFFORTS SOCIAUX ET CULTURELS
Protection et conservation d'une oliveraie historique. Participation à des événements gastronomiques locaux pour faire connaître les produits du terroir.

€€€
Randonnée
Vélo
Guide

ADRESSE Via dei Giardini 2, Foligno
CONTACT giraiumbria.org
348 8916928
TARIFS 55€/pers pour une balade accompagnée d'une journée

30 GIRA L'UMBRIA
Randonner à vélo

A la fois guide touristique et guide de randonnée, Antonella propose de vous faire découvrir l'Ombrie à vélo. Vous traverserez des collines plantées d'oliviers et visiterez de jolis bourgs médiévaux. Vous pourrez également faire le tour du lac Trasimène ou vous balader en ville. Dénominateur commun : l'insouciance du vélo et le professionnalisme d'une personne compétente et passionnée. Les balades s'adaptent à tous les niveaux d'expertise et sont aussi disponibles en version autoguidée.

€€€
Randonnée
Montagne
Parcs

CONTACT trekkinginumbria.it
333 9083538
TARIFS 80€/demi-journée

31 TREKKING IN UMBRIA
Randonner avec un guide

Rien de plus naturel que de randonner en Ombrie ! Avec ses 8 parcs, dont un parc national, ses lacs parmi les plus grands d'Italie et ses cascades les plus hautes d'Europe, la région offre une multitude de paysages. Alessio vous fera découvrir les sentiers les plus évocateurs mais aussi les moins connus et vous parlera d'Histoire et de nature. Vous traverserez des lieux hors du temps, marcherez sur la neige en hiver et croiserez des cultivateurs de lentilles en été. Des randonnées de groupe (moins chères) sont programmées régulièrement sur le site Internet.

€€€
Cours
Cuisine
Convivialité

ADRESSE Via Petrata 37, Pieve San Nicolò, Assisi
CONTACT incampagna.com
328 7025298
TARIFS 120€/pers

32 ALLA MADONNA DEL PIATTO
Les mains à la pâte

Voici enfin l'occasion d'apprendre à faire des tagliatelles ou des raviolis maison ! Letizia vous invite dans son « agriturismo » pour vous révéler ses secrets et surtout pour partager un moment de convivialité. Son enthousiasme est contagieux et elle vous racontera l'Ombrie à travers ses plats et ses saveurs. A la fin, vous serez étonnés de constater que vous avez préparé tout un repas et qu'il est désormais temps de se mettre à table.

€€€
Itinéraire
Artisanat
Urbain

ADRESSE Via dei Priori 70, Perugia
CONTACT articity.it 075 5730252

33 ARTICITY
Parcours d'artisanat

Dix artisans ont créé une association pour valoriser leurs savoir-faire à travers des itinéraires à pied ou en vélo électrique (service payant). Bijoux, tissus, livres, vitraux, céramiques, lunettes, cadres, cuir, tous les métiers sont répertoriés. Dénominateur commun : le centre-ville de Pérouse. A l'aide d'une carte, vous pourrez partir à la découverte de cette ville sublime et rencontrer des personnes passionnées, dépositaires de traditions ancestrales.

€€€
Jardin
Moyen-Âge
Université

ADRESSE Borgo XX Giugno, Perugia
CONTACT 075 5856432

34 ORTO MEDIEVALE
Une oasis en ville

Un magnifique jardin médiéval se cache derrière l'enceinte de l'abbaye bénédictine de San Pietro, siège de l'Université de Pérouse et notamment de son département d'agronomie. Vous serez séduits par le calme et la beauté de ce lieu béni, ainsi que par son architecture admirablement préservée. Après une pause contemplative, vous pourrez continuer votre visite dans le jardin botanique, situé à proximité.

€€€
Panorama
Parc national
Hors du temps

ADRESSE Castelluccio, Norcia

35 PLATEAU DE CASTELLUCCIO
L'immensité de la nature

A 1 450 mètres d'altitude, dans le Parc National des Monts Sibillini, un village isolé s'élève avec fierté au milieu de nulle part. Tout autour, le silence et l'immensité d'un paysage irréel, comme suspendu dans le temps. Couvert de neige ou chatoyant de mille couleurs, il vous offrira des panoramas et des émotions inoubliables en hiver comme au printemps au moment de la floraison. En été, vous verrez les cultivateurs de lentilles nettoyer le précieux légume à même les champs.

Annexes

Index géographique

Index thématique

Crédits photos

Pier Paolo Metelli 1ère et 4ème de couverture,
Flickr cc Duncan p.5, Flickr cc Will_cyclist p.7, Gionco Communication p.8, Locanda Ceaglio p.9, p.31, p.34, p.35, p.37, p.39, p.40, p.41, Flickr cc Stròlic Furlàn - Davide Gabino p.17, Alberto Campanile, visitfiemme.it p.19, p.31, p.47, p.50, p.52, Flickr cc Turismo Emilia Romagna p.21, Flickr cc Marla p.22, Pier Paolo Metelli p.24, p.25, p.133, p.152, Daniele Turcati p.26, p.133, Archivio Unione comuni Garfagnana p.27, p.145, p.148, Fotolia p.29, Luciano Gaudenzio, p.31, p.56, Massimo Piazzi e Federica Cerri p.43, Marco Simonini p.43, Orlerimages.com p.44, Annette Fische p.45, Alice Russolo p.46, Pavel Hanuska p.48, Roberto Polo p.49, Elia Flaschi p.53, p.54, p.57, p.60, Ulderica Da Pozzo p.58, Mario Verin p.59, Guido Barbagelata p.63, Thilini Gamalath Photography p.63, DR p.63, p.86, Bamboo Eco Hostel p.64, Paolo Properzi p.65, Piero Ottaviano p.66,Veronica Rossi, Archivio Turismo Torino e Provincia p.68, Mattia Boero p.70, Un posto a Milano p.72, Marco Pieri e Federico Sangiorgi p.72, Cesare Cicardini p.74, Agostino Osio, Courtesy Fondazione HangarBicocca p.77, Valcucine p.79, Lo Zoo p.83, Luciano Leonotti p.85, Nima Benati p.87, Mattia Mionetto p.89, p.93, p.100, Andrea Franceschetti p.89, p.105, Associazione Riviera del Conero p.89, p.101, p.103, p.106, p.108, Estro p.94, G. Bombieri p.96, Paolo Spigariol p.97, Shutterstock p.99, Michael Pasini p.111, p.116, p.121, Archivio Parco Cinque Terre p.111, Nunzio D'Apolito p.111, Miriam Rossignoli p.114, Andrea Erdna Barletta p.118, Ester Liquori p.122, Alessandro Baglioni e Grazia Scapati p.124, Fabrizio Franchi p.125, Emanuela Peroni p.127, Lucio Sabbadini p.129, p.130, B&B Leopoldo p.136, Lorenzo Carlomagno p.137, Archivi Alinari Firenze p.139, Flickr cc Juan Salmoral p.140, Flickr cc Kuster & Wildhaber Photography p.140, Amministrazione provinciale di Lucca p.143

Auteur

Ilaria Tonti

Parisienne d'adoption, Ilaria reste italienne dans l'âme. Ses études l'ont amenée à Trieste, d'où elle a sillonné le Nord du pays en long et en large. Voyageuse curieuse et passionnée, elle aime partager et transmettre ses découvertes. Sa recherche de beauté est inconditionnelle et vous permettra de savourer pleinement ces bons petits plaisirs qui émanent du savoir-vivre et surtout… du cœur des Italiens.

Équipe

Éditrice : Ophélie Cohen
Assistante Édition : Camille Deydier
Partenariats et développement : Pascaline Deshayes
Conception graphique, mise en page : Ophélie Cohen
d'après une maquette de Florence Boyer
Création des cartes : Jean Baptiste Neny

Remerciements

Michele Barcatta, Valentina Bellucci, Laura Benedetti, Vanda Bonardo, Stefania Carrara, Luigi Casanova, Valentina Casula, Laura Catanzaro, Stefano Cinti, Ophélie Cohen, Chiara Crovella, Marlène Daniel, Nunzio D'Apolito, Cristina Della Toffola, Enrico De Luca, Pascaline Deshayes, Tatjana Familio, Giulio Giacca, Andrea Giordani, Ilaria Crescioli, Alicia Iglesias, Valérie Jonville, Filippo Legnaioli, Patrizia Minghetti, Daniele Moggia, Luca Natale, Massimo Paolucci, Paola Paolucci, Mayla Pellizzari, Gian Claudio Penazzo, Antonella Poli, Daniela Rebuffo, Roberto Ribero, Beatrice Rolla, Gregory Rossi, Elisa Sabot, Chiara Turriani, Anna Vanzo, Marzia Vivaldi, Les sujets interviewés.

Les éditions Viatao remercient tous ceux qui ont participé à la création des Guides Tao depuis leur début : Eléonore Devillers, Yvan Wibaux, Anne Gouyon, Eric La Bonnardière, Stéphane Bertrand, Vincent Bouchardon, Sylvie Choquet, Sandrine Pollien, Ousmane Cisse, Ludivine Mouton, Axelle Bibring-Pilliot, Aline Guyard, Kalao Studio et tous nos auteurs...

Du papier, oui, mais du FSC® !

Il est toujours gênant, lorsque l'on veut faire la promotion d'un développement positif pour l'environnement, de le faire sur du papier dont la fabrication a entraîné la destruction de magnifiques forêts... C'est pourquoi vous verrez en bas de cette page le logo du FSC® (Forest Stewardship Council® un organisme qui regroupe des industriels, des forestiers, et des associations écologiques ou sociales).
Ce logo signifie que ce livre est imprimé sur du papier issu de pâtes certifiées, contrôlées, et éventuellement recyclées selon un standard bien défini, provenant de forêts ou plantations gérées de manière durable, éventuellement mélangé avec du papier recyclé. Cette gestion durable valorise la forêt et encourage sa conservation. Chaque fois que vous achetez un produit en bois ou en papier, cherchez le logo du FSC® !

En savoir plus :
www.fsc.org - www.fsc-france.org - www.whyfsc.com

IMPRIM'VERT
Votre imprimeur agit pour l'environnement

FSC
MIXTE
Papier
FSC® C102135

Achevé d'imprimer : avril 2015
Imprimé chez Graphiche Diemme

Dépôt légal 2e trimestre 2015